U0872457

2009
中国金融市场发展报告

中国人民银行上海总部
《中国金融市场发展报告》编写组

中国金融出版社

责任编辑：高　露
责任校对：潘　洁
责任印制：毛春明

图书在版编目（CIP）数据

2009 中国金融市场发展报告(2009 Zhongguo Jinrong Shichang Fazhan Baogao)／中国人民银行上海总部《中国金融市场发展报告》编写组编．—北京：中国金融出版社，2010.4
ISBN 978-7-5049-5479-4

Ⅰ.2…　Ⅱ.中…　Ⅲ.金融市场－研究报告－中国－2009　Ⅳ.F832.5

中国版本图书馆 CIP 数据核字(2010)第 061353 号

出版发行　中国金融出版社
社址　北京市丰台区益泽路 2 号
市场开发部　(010)63272190，66070804(传真)
网上书店　http://www.chinafph.com (010)63286832，63365686(传真)
读者服务部　(010)66070833，82672183
邮编　100071
经销　新华书店
印刷　天津银博印刷技术有限公司
尺寸　210 毫米 × 285 毫米
印张　9.75
字数　207 千
版次　2010 年 4 月第 1 版
印次　2010 年 4 月第 1 次印刷
定价　98.00 元
ISBN 978-7-5049-5479-4/F · 5039

Committee 编写委员会

主　任：马德伦

副主任：穆怀朋　周荣芳　王欣欣

成员（按姓氏笔画排序）：

白伟群　刘明志　许　诺　杜要忠　吴方伟　时文朝
祁国中　宋钰勤　应俊惠　陈晓升　俞妙根　凌　涛
莫泰山　谢　多　裴传智　霍颖励

执笔并统稿：

陈晓虹　刘　彦　叶可松　朱永行　颜永嘉　向祥华

其他执笔人（按姓氏笔画排序）：

于旭辉　王　莹　王　晟　孔　燕　卢向前　生　洁
闫晓梅　刘　颖　刘芳菲　李　蓉　李　莉　李秋菊
李建云　汪贤星　汪办兴　余洁雅　余　蓓　吴　鸣
邢莹莹　辛　然　张生举　张爱农　张涤尘　杨　明
杨　婕　周庆武　竺小龙　陈光新　程　祎　荣艺华
胡迎春　高　飞　唐　烈　钱康宁　奚丽娜　姬　明
梁　恒　黄凌燕　曹媛媛　曾令美　曾梓梁　蒋健蓉
雷晓冰　雷　雯　谭　慧

Contents 目录

2009中国金融市场发展报告
CHINA FINANCIAL MARKET DEVELOPMENT REPORT 2009

第一章 总论

2009年，受国际金融危机严重冲击的影响，我国经济发展遇到严重困难。面对极其复杂和严峻的国内外形势，我国坚持积极的财政政策和适度宽松的货币政策，全面实施并不断完善应对国际金融危机的一揽子计划，率先实现经济形势总体回升向好。在危机面前，我国金融市场不仅有力地支持了国民经济建设，而且自身保持了快速、健康发展态势，融资量大幅增加，交易量创历史新高，市场结构进一步优化，投融资、价格发现及保值等功能均得到较好的发展。

一、我国金融市场发展的宏观环境分析

2009年，为应对美国次贷危机引发的国际金融危机持续扩散蔓延的影响，全球主要经济体均继续采取下调基准利率及向市场注入流动性等救助措施，政策于下半年开始发挥作用，全球经济进入缓慢、曲折复苏阶段。受经济基本面恢复及全球主要经济体均实行宽松的宏观经济政策的共同推动，全球资产价格和商品价格在经过了上一年度的暴跌之后大幅反弹，主要金融市场的利率走低，信贷市场状况明显好转。我国经济率先实现企稳回升，经济结构进一步优化；宏观金融环境适度宽松，金融体系平稳健康发展。

（一）国际经济金融环境复杂多变

1. 各经济体复苏呈现较大差异

2009年，在大规模经济刺激政策的作用下，美国、欧元区、日本实现了缓慢复苏；新兴市场经济体则出现了较为明显的恢复性增长，但分化明显；部分国家的债务负担过重，财政可持续性堪忧；资金快速流入新兴市场经济体，推动局部地区资产价格过快上涨；发达经济体的需求下降，贸易保护主义抬头，全球经济复苏的基础尚不稳固，经济复苏存在反复的可能。

（1）主要经济体逐渐走出衰退，但复苏基础仍不稳固

美国：2009年第三、第四季度的GDP增长环比折年率转正，并逐季上升，经济走出衰退。但其失业率不断上升，10月失业率为10.2%，为1983年4月以来的最高；2009财政年度的预算赤字达到了创纪录的1.42万亿美元，2010财政年度的赤字将达到1.56万亿美元，财政状况不容乐观，经济复苏的内在动力仍然不足。欧元区：2009年第三、第四季度经济增速转正并逐季上升，逐渐走出衰退。但自金融危机爆发以来，欧元区失业率逐月上升，12月欧元区失业率高达10%，创下1998年8月以来的最高水平；全年物价上涨率为0.3%；欧元区有些国家因负债量过大而可能面临主权信用级别下降的风险，欧洲经济的复苏步伐仍将较为缓慢。日本：从2009年第二季度起走出了第二次世界大战以来最严重的衰退，但失业率仍居高不下，CPI

自2月起连续11个月下跌，日本政府已在2009年11月正式表示国内经济陷入通货紧缩。

（2）新兴市场经济体经济呈分化明显的恢复性增长

2009年3月以来，随着全球主要金融市场企稳以及国际商品市场去库存化告一段落，新兴经济体经济出现了比较明显的反弹。分地区看，亚洲经济体经济的反弹势头较为明显，除了新加坡、马来西亚和泰国等国经济有所下滑外，其他大部分国家都继续保持GDP增速逐季上升态势。拉美地区经济恢复较慢，主要经济体经济全年仍然是负增长，但环比已出现止跌回升势头，经济发展整体向好。东欧和独联体新兴市场国家受金融危机的影响较大，除了波兰经济仍保持正增长外，其他国家经济仍然处于不同程度的衰退之中，乌克兰和俄罗斯全年的经济增长分别大幅下滑15%和7.9%，并面临较大的通货膨胀压力。非洲地区的经济复苏缓慢，除埃及经济增速较快以外，非洲国家的经济整体处于较慢的复苏过程，其中非洲第一大经济体南非全年经济增速下降超过1.8%。

2. 国际金融市场流动性充裕

2009年，受美联储推行量化宽松货币政策和全球主要经济体均实行宽松宏观经济政策的共同推动，全球市场流动性充裕，主要金融市场的利率大幅下降，美元指数大幅走低，全球资产价格和商品价格在经过上一年度的大幅下跌之后出现大幅反弹。

主要货币市场利率低位下行。受联邦基金利率处于历史低位的影响，美元Libor总体保持下行走势，2009年12月31日，1年期美元Libor降至0.98%，比年初下降1.02个百分点。欧元区同业拆借利率Euribor亦维持低位，2009年12月31日，1年期Euribor为1.25%，比年初下降1.8个百分点。

主要经济体国债收益率大幅波动。2009年全球金融市场延续动荡，国债收益率先呈逐步走高态势，后小幅回落。2009年年末，美国、欧元区和日本的10年期国债收益率分别收于3.793%、3.381%和1.291%，较年初分别上升了1.732个百分点、下降了0.437个百分点和下降了0.123个百分点。

全球股票市场大幅反弹。2009年，全球具有较强代表性的道琼斯工业平均指数、法国CAC指数、英国富时100指数、德国DAX指数和日经225指数均从年初开始持续大幅下跌，到3月上旬，跌幅均超过20%；之后，在各国救助政策及经济基本面改善的共同推动下大幅反弹，至年底，上述五种指数分别较年初上涨18.8%、22.3%、22.1%、23.8%和17.3%，新兴市场经济体的股票指数也有较大幅度的反弹。

美元指数震荡下跌。2009年年初，美元指数（UDI）一路走高，于3月4日达到年内最高89.62点后开始回落，并整体不断走低，年末收于77.86点，较年初下降3.32点。

商品期货价格大幅反弹。2009年，在美联储量化宽松货币政策及其他主要经济体总体宽松的宏观经济政策、世界经济走出衰退等因素的共同影响下，纽约商品交易所交易的原油由年初的48.59美元涨至年末的80.02美元，涨幅高达64.7%。伦敦金属交易所交易的铜、铝、锌、铅价格的涨幅分别高达140.5%、45.8%、110.7%和143.2%，黄金价格创出历史新高。商品期货市场中除玉米、小麦、大豆等少量农产品价格有所上涨外，其他大宗商品价格均有大幅度上涨，白糖价格创出了历史新高。

总体来看，2009年国际经济金融环境主

要从以下几方面对我国金融市场产生影响：一是随着发达国家量化宽松货币政策的实施，大量追逐短期收益的资本通过卖出低收益货币、买入高收益货币方式进行套利交易，有一定数量的短期资本进入了包括我国在内的新兴市场经济体，在促进金融市场回暖的同时，也增大了金融市场的波动。二是我国对国际商品的需求量较大，国际商品价格的涨跌导致我国股票市场和期货市场有较大幅度的波动。三是在全球化的背景下及金融危机的影响还未完全消除的情况下，一些经济体的政府或企业产生了一定的债务违约，对我国金融市场造成短期冲击。

（二）国内经济金融环境总体平稳

2009 年，我国有效应对了国际金融危机的冲击，出台的一系列保增长、扩内需、调结构的政策措施，促进了经济平稳较快发展，全面改善了金融服务，有效维护了金融安全与稳定。

1. 国民经济运行总体回升向好

2009 年，面对严峻复杂的经济形势，我国全面实施并不断完善应对国际金融危机的一揽子计划，促进了经济形势总体回升向好和经济结构优化。

（1）宏观经济形势总体向好

一是较快扭转了经济增速下滑的局面，GDP 保持平稳较快增长。初步统计，2009 年我国 GDP 增长 8.7%，对世界经济增长的贡献超过了 50%。

二是避免了通货紧缩风险。2009 年下半年，主要物价指标先后触底回升，CPI 在连续下降 9 个月后，11 月转为上涨，12 月上涨 1.9%，较 11 月高 1.3 个百分点；PPI 连续 12 个月下降后，12 月首次转为上涨 1.7%。

三是国民经济企稳回升势头进一步得到巩固和加强。2009 年，全年社会固定资产投资完成 22.5 万亿元，实际增长 35.2%，增幅比 2008 年提高 17.1 个百分点；全年累计社会消费品零售总额实际同比增长 16.9%，增幅比 2008 年提高 2.1 个百分点；2009 年 12 月，出口增速由负转正，出口规模恢复到金融危机发生前的最高水平的 96%。中国人民银行的调查问卷结果显示，2009 年第四季度，企业固定资产、设备和土建投资指数持续上涨，居民投资意愿不断增强，居民消费意愿连续 3 个季度回升，国内需求的继续增长有保障。

（2）经济结构进一步优化

2009 年，我国在成功实现经济增长“保八”目标的同时，经济结构的战略性调整也取得了明显成效。

一是经济需求结构明显改善。2009 年，投资、消费和净出口“三驾马车”对 GDP 增长的拉动分别为 8.0%、4.6% 和 -3.9%，扩大内需的各项政策措施有效减弱了净出口需求明显减少的影响，保障了国民经济平稳较快发展。同时，在家电下乡等系列消费优惠政策的带动下，最终消费对 GDP 的贡献率达 52.5%，明显高于 1978 ~ 2009 年约 45% 的平均贡献率水平。

二是产业结构有所优化。2009 年，第三产业的增加值占 GDP 的比重由 2008 年的 40.1% 上升到 42.6%，上升了 2.5 个百分点；第一产业增加值和第二产业增加值的占比分别较 2008 年下降 0.7 个和 1.8 个百分点，产业结构进一步趋于合理，并对保就业发挥了重要作用。

三是地区发展结构有所调整。在 2009 年的固定资产投资中，西部地区投资增速同比加快 8.3 个百分点，高于东部地区 2.6 个百分点和中部地区 2.5 个百分点；从工业增长情况看，2009年，东部、中部、西部地区分别增长9.7%、12.1%和15.5%，西部地区的经济增长快于中部地区，中部地区的经济增长快于东部地区，地区差距有所缩小。

2. 国内金融环境总体平稳

2009年，根据党中央、国务院的决策部署，我国实施适度宽松的货币政策，为扭转我国经济增速下滑的趋势提供了强有力的资金支持，金融体系的流动性合理充裕，运行健康平稳。

（1）宏观金融环境适度宽松

一是货币供应量增长较快。2009年12月末，广义货币供应量(M_2)余额为60.62万亿元，同比增长27.6%，增幅比上年年末高9.8个百分点。二是金融机构人民币各项贷款快速增长。12月末，金融机构人民币各项贷款余额为39.97万亿元，同比增长31.74%，增幅比上年年末高13.01个百分点。三是金融机构人民币各项存款增速较快。12月末，金融机构人民币各项存款余额为59.77万亿元，同比增长28.21%，增幅比上年提高8.48个百分点。四是存贷款基准利率保持稳定。在自2008年9月以来五次下调存贷款基准利率的基础上，2009年利率政策保持稳定。五是国家外汇储备有所增长。2009年全年国家外汇储备增加4 531亿美元，同比多增353亿美元，12月末的国家外汇储备余额为23 992亿美元，同比增长23.29%。

（2）金融体系平稳健康发展

2009年，金融机构与相关主管部门通力合作，加强对银行业、证券业和保险业系统性风险的监测评估，密切监测交叉性金融工具的风险，配合监管部门处置非法集资事件，进一步加强金融稳定再贷款和委托处置资产管理，共同促进了我国金融体系的平稳健康发展。

一是金融业平稳健康发展。银行业保持健康平稳运行，截至2009年年末，银行业资产总额为78.77万亿元，同比增长26.25%；商业银行不良贷款率为1.6%，同比下降3.8个百分点；商业银行资本充足率全面达标。2009年，银行业金融机构实现税后净利润6 624.71亿元，比上年同期增加816.54亿元，同比上升14.06%。证券期货经营机构的实力明显增强，截至2009年年末，我国证券公司的总资产达到2.03万亿元，净资本为3 831.82亿元，分别比上年增长69.17%和32.73%；全年实现净利润932.71亿元；60家基金管理公司共管理各类资产3.1万亿元，比上年增长40%。全年共发行基金118只，募集资金3 782亿元。保险业的整体实力明显提升，在金融市场中的地位和作用逐步提高，截至2009年年末,保险公司的总资产为4.06万亿元，较年初增长21.59%；保险资金运用余额为3.7万亿元，较年初增长8.8%。

二是直接融资占比进一步提高，信贷结构进一步优化。2009年，直接融资占比为19.5%，较2008年的17.6%提高了1.9个百分点；信贷结构进一步优化，不断加大对“三农”和中小企业等经济薄弱环节的支持力度，较好地满足了实体经济对信贷资金的合理需求，金融服务国民经济发展的总体能力进一步提高。

三是金融改革发展深入推进。中国农业银行股份有限公司正式挂牌成立，现代公司治理架构初步建立，内部改革和经营机制转换工作稳步推进，“三农”金融事业部制改革试点逐步深入。国家开发银行加快商业化转型步伐，强化了风险管理和内控建设，拓展了商业性业务领域。

四是金融基础设施不断完善。全面实现

了金融统计数据集中，初步建立了环比经济金融分析体系，电子商业汇票系统建成运行，金融信息化水平不断提高。积极推动全国和地方社会信用体系建设，推进金融统一征信平台建设，进一步提高了征信管理和服务能力。

五是加强国际交流和合作。提出了改革国际货币体系和国际金融体系的政策主张；正式加入了金融稳定理事会、巴塞尔银行监管委员会、全球金融体系委员会等国际标准制定机构；正式加入了泛美开发银行；推动构建东亚地区金融稳定安全网；进一步推动了两岸金融合作。

（3）跨境贸易人民币结算试点稳步启动

经国务院批准，2009年7月，上海市和广东省广州市、深圳市、珠海市、东莞市正式启动跨境贸易人民币结算试点，以帮助企业规避汇率风险，减少汇兑损失，推动我国与周边国家和地区的经贸关系发展。自试点以来，人民币跨境收付信息管理系统运行稳定，人民币账户融资、跨境项目融资、人民币购售等相关业务有序进行。截至2009年年末，银行累计为企业办理跨境贸易人民币结算业务409笔，金额为35.8亿元。境内代理银行为境外参加银行共开立160个人民币同业往来账户，账户余额为6.9亿元；中国银行(香港)有限公司为境外参加银行开立53个人民币同业往来账户，账户余额为486.2亿元。

在总体发展趋势向好，但有利因素与不利因素相互交织，震荡起伏明显的国际国内经济金融环境下，2009年，我国金融市场保持了健康、快速发展态势，并对我国经济平稳健康发展起到了显著的促进作用。

二、2009年我国金融市场运行的主要特点

2009年，在适度宽松的货币政策和积极的财政政策的大环境下，我国国民经济运行总体回升向好，我国金融市场继续保持健康、平稳的发展态势，有力地支持了国民经济建设，也扩大了市场规模、优化了市场结构、在市场创新和制度完善等方面取得了明显进展。

（一）金融市场对完成“保八”目标发挥了显著的作用

2009年，我国金融市场对国民经济发展发挥了显著的作用。一是为保增长、调结构提供及时、高效的资金支持。2009年全年直接融资额为2.55万亿元，较上年增加了1.49万亿元，直接增加了全社会可用资金量，并提高了商业银行的资本充足率和放贷能力，有力地支持了4万亿元投资计划；正式启动创业板，新增中小企业集合票据等多种金融产品，全年通过创业板首次公开发行(IPO)融资197.59亿元，发行了2 000亿元地方政府债券和12.65亿元中小企业集合票据，增加了民间投资，加大了对中小企业的融资支持力度。二是充分发挥金融市场的投资、保值避险和价格发现等功能，为宏观经济调控和微观主体的决策提供了有力的支持。2009年，股票市场、债券市场与货币市场的交易总额达到196.7万亿元，创历史新高，增强了资产流动性，进一步增强了金融市场的投融资和风险管理等相关功能，有力地支持了经济平稳、健康发展；商品期货市场成交金额达到130.51万亿元，较2008年增长了81.48%，创

历史新高，为经济主体在宏观经济大幅度波动的情况下提供了多样化的保值避险和价格发现工具。

（二）金融市场规模快速增长

2009 年，金融市场的发行、交易规模和存量规模同比均增长了30%以上。全年，政府与企业通过债券市场与股票市场共筹集资金5.5万亿元，其中，通过债券市场筹资4.9万亿元，同比增长69.6%；通过股票市场筹资5 967亿元，比上年同期增长64%。包括同业拆借市场、债券市场、黄金市场、股票市场和期货市场在内的金融市场总交易规模继续大幅扩大，全年累计成交332.74万亿元，同比增长50.78%，达到历史最高水平。其中，期货市场和股票市场成交量增长最为明显，同比分别增长了81.48%和75%，其他市场的成交量增长率均超过20%。截至2009年年末，债券市场债券托管总额达17.74万亿元，其中，银行间债券市场债券托管额为15.98万亿元，同比增长15%；股票总市值为24.39万亿元，较2008年年末增长100.99%，沪、深两市共有上市公司1 718家，较2008年增加93家。金融市场规模的迅速壮大和拓展，使得金融市场在我国经济金融体系中的地位和作用进一步提升。

（三）金融市场整体呈现普遍上涨行情

2009 年，受市场流动性合理充裕和经济形势总体向好等因素的影响，除债券市场指数略有下跌外，其余各子市场较年初上涨幅度均超过30%，个别市场涨幅翻番。分市场看，股票市场震荡走高，上证综指年末收于3 277.14点，较年初上涨了77.24%，深证成指年末收于13 699.97点，较年初上涨了108.92%。黄金现货主力品种Au99.95年末收于248元/克，较年初上涨28.76%，年内最高为11月25日的285.5元/克，创历史新高。期货市场呈现普遍上涨行情，贵金属、燃料油、橡胶、聚乙烯、精对苯二甲酸等主要资源及化工类商品期货价格较年初上涨幅度均超过30%；农产品中白糖、棉花和棕榈油等主要品种上涨幅度均超过30%。

由于受债券发行规模增加及市场预期有所波动等因素的影响较为明显，银行间市场债券指数由年初的132.11点降至年末的130.23点，下降1.88点，略有下降。

（四）金融市场产品与机构创新取得重要进展

2009 年，为在较短时间里扭转经济增速下滑的态势，并促进经济结构调整，我国金融市场在产品创新、机构创新等方面均取得重要突破。在金融产品方面，相继推出地方政府债券、内地港资银行赴香港发行人民币债券、中小企业集合票据、中期票据的含权产品及美元中期票据等创新品种，满足了市场多样化的融资需求；创业板正式开始运行，为自主创新和其他成长性企业开辟了新的融资渠道；螺纹钢、线材、早籼稻和聚氯乙烯等新的期货品种相继上市交易，促进了期货市场价格发现功能及保值功能的完善；中央企业的交易所交易基金(ETF)等新的基金产品不断推出，进一步满足投资者的多样化需求。在机构创新方面，成立中债信用增进投资股份有限公司，主要为优质中小企业及部分低信用级别的大型企业债务融资工具的发行提供信用增进服务，对扩大中小企业融资份额，推动我国债券市场持续、健康发展将发挥重要作用；成立银行间市场清算所股份有限公司，向市场参与者提供本外币交易及衍生产品交易清算服务，进一步提高清算效率，降低清算成本，提高银行间市场的透明度，更好地防范系统性金融风险。

（五）金融市场结构进一步优化

2009年，在市场规模扩大和创新步伐有所加快的共同推动下，我国金融市场结构进一步优化。一是融资结构进一步优化。自2009年以来，我国债券市场中的公司信用类债券发行量大幅增加，共发行各类公司信用类债券1.96万亿元，较上年全年的同类债券发行量增加96%，增幅创历年新高，也高于同期政府信用类债券44%的增幅，进一步改善了政府债券市场与非政府债券市场间的不平衡状况。二是市场参与者结构进一步优化。截至2009年年末，我国银行间债券市场机构投资者有9 247家，较年初增加948家，非银行金融机构及企业增加898家，债券市场投资者结构进一步多样化。2009年，中国工商银行、交通银行、兴业银行、中国民生银行和中国银行等五家机构相继成为上海期货交易所黄金期货自营会员，黄金期货市场的主体结构得到优化。股票市场机构投资者开户数为63.3万户，较2008年同期增长了12.24%，证券投资基金增加了118只，机构投资者增多，促进了投资者结构进一步优化。同时，期货市场等市场的投资者结构也得到优化。三是市场交易方式进一步优化。利率互换交易量稳步上升；债券现券交易增幅收窄，远期交易量增幅扩大，国债柜台交易量同比翻番；股票融资融券业务已获原则性同意。

（六）金融市场制度与基础设施建设稳步推进

2009年，相关部门积极推进制度与基础设施建设，在创新和改进金融服务，满足不同主体合理资金需求的同时，加强风险防范，有力地增强了市场主体抵御风险的能力。

一是市场监管部门采取多项措施加强市场监管，防范和处置市场风险，有效地保障了我国金融市场的平稳规范运行。中国人民银行相继发布了《全国银行间债券市场金融债券发行管理操作规程》、《银行间债券市场债券登记托管结算管理办法》等重要制度，提高金融债券发行审核的透明度，健全市场约束与风险分担机制；规范债券登记、托管和结算业务，保护投资者的合法权益。中国银行间市场交易商协会出台自律规则，加强对银行间债券市场交易行为和非金融企业债务融资工具承销人员行为的市场自律。

中国证券监督管理委员会(以下简称中国证监会)发布创业板及新股发行的管理办法与指导意见，完善多层次资本市场的建设和新股发行机制；出台关于证券公司监管的相关规定，促进证券公司持续规范发展，提升公司治理水平；财政部等四部委联合进一步规范了国有股转持行为。国有资产监督管理委员会(以下简称国资委)发布通知，规范中央企业参与期货等衍生产品业务交易的行为。中国证监会出台了基金的评价与管理制度，规范了基金的评价业务与销售市场秩序；出台期货公司分类监管规定，强化期货公司的合规经营意识。中国银行业监督管理委员会(以下简称中国银监会)发布商业银行投资保险公司股权试点的管理办法，有序地推动商业银行和保险公司开展相互投资试点。

二是稳步推进基础设施建设。银行间市场新一代本币交易系统于2009年6月正式上线。2009年10月，在总结前期试点经验的基础上，在全国范围内推广银行承兑汇票和商业承兑汇票转贴现标准合同文本。同时，电子商业汇票系统上线运行，标志着我国商业汇票业务进入电子化时代。

三、2010年金融市场发展展望

2010年，世界经济有望实现恢复性增长，但复苏的基础仍然脆弱，各经济体经济增长速度与宏观经济政策变动将较为复杂；我国经济回升向好的基础进一步巩固，但仍存在经济增长内生动力不足、经济发展中的结构性矛盾突出等问题，宏观经济政策在保持连续性和稳定性的前提下，需要有针对性和灵活性；监管部门的监管政策将兼顾支持经济发展和维护金融稳定。

在以上宏观、微观经济金融背景下，我国金融市场将可能出现一定幅度的震荡。为支持经济发展，金融市场规模有望继续扩大，结构将进一步优化，市场产品将更加丰富。同时，为切实维护金融稳定，金融市场的制度建设和基础设施建设将进一步得到完善。

（一）金融市场将可能有较大幅度的震荡波动

2010年，由于不同经济体之间的经济复苏程度存在较大差异，其宏观经济政策调整时间及力度也将呈现出较大差别。主要经济体对退出经济刺激政策的看法不一，退出的时机和做法也各自不同。澳大利亚、印度已经开始逐步退出经济刺激政策，但韩国认为讨论退出策略尚为时过早，日本甚至决定进一步加大经济刺激力度。美国和加拿大的数据初步显示已经走出衰退，美国的政策基调是暂时不会退出经济刺激政策，但相关决策层也表达了希望逐步退出的意图；加拿大于2009年年底再次明确将于2011年3月底结束经济刺激计划。欧元区国家及英国的经济增长率仍为负值，目前尚未看出经济刺激政策的退出迹象，英国等部分国家甚至可能进一步扩大经济刺激计划。由此可见，2010年，全球的宏观经济政策将呈现出较大的不确定性，国际金融市场将会因此产生一定的波动与震荡。

从国内宏观经济政策来看，2010年，我国经济发展中需要处理好保持经济平稳较快发展、调整经济结构、管理通货膨胀预期的关系，以巩固和增强经济回升向好的势头。为此，需要保持宏观经济政策的连续性和稳定性，也需要根据新形势、新情况着力提高政策的针对性和灵活性。

经济金融形势会以不同方式影响市场资金的数量、流向与结构。在国际国内宏观经济政策将显现出较强的灵活性、我国进一步加大经济结构调整力度等因素的综合影响下，我国金融市场的震荡幅度十分引人关注。应认真分析这一变化特点，把握金融市场的发展趋势与运行方向，正确把握调控金融市场的方向、节奏和力度，使其发展适应经济发展的水平、宏观调控的要求、市场发育的程度和金融监管的能力，避免金融市场出现大起大落。

（二）金融市场规模有望进一步拓展

金融市场融资规模将继续扩大。一是银行类金融机构的融资量会有所增加。2009年全年新增贷款9.59万亿元，较2008年多增4.69万亿元。在此背景下，主要的银行类金融机构的资本充足率已接近监管部门规定的最低要求。2010年，我国仍将实行适度宽松的货币政策，新增人民币贷款为7.5万亿元左右。为增强商业银行应对风险的能力，切实维护金融稳定，银行类金融机构需要相应补充资本金。为减少对市场的影响，相关市场主体会在监管部门的指导下进行多样化融资，扩大金融市场融资规模。二是我国的多层次资本市场进一步完善，多样化的融资需求能得到更好的满足，市场融资主体会进一步增多，融资量也会相对增加。三是2009年我国金融市场针对中小企业、地方政府等相关主体进行了一定的融资工具创新，随着这些融资工具的成熟，2010年的融资量将可能进一步增大。

金融市场交易规模将继续扩大。一是随着金融市场融资规模的增加，交易规模会相应扩大。二是2010年我国金融市场新增了多种基金产品，并要新增融资融券、股指期货等交易工具，交易量会相应增加。三是2010年，国际金融与期货市场仍会存在一定的波动性，经济主体仍存在较多的通过期货市场等进行避险的刚性需求，从而增大市场交易量。

（三）市场产品与融资结构优化力度将有所加大

2010年，我国将着力支持经济发展和经济结构调整。作为分配资金的重要方式，金融市场的融资结构将会相应调整。同时，为推动经济进入创新驱动和内生增长的发展轨道，金融市场的产品创新步伐将会有所加快。

金融市场融资结构将进一步优化。根据政府工作报告的精神，2010年我国经济结构调整的力度将会加大。为贯彻落实中央经济工作会议对消费结构、产业结构和地区结构等的调整要求，相关监管部门会加大对市场融资的引导与监管力度，优化金融市场融资结构，引导市场资金加强对经济社会薄弱环节、就业、战略性新兴产业、产业转移等方面的支持，有效缓解小企业融资难问题，大力发展消费信贷；严格控制新开工项目的融资量，严格控制资金流向高耗能、高排放行业和产能过剩行业，同时也优化我国金融市场的融资结构。

金融市场创新将加快，产品将更为丰富。2010年，根据积极扩大直接融资和满足多样化投融资需求的要求，监管部门将会加快金融市场创新，大力支持资本市场发展，稳定股票市场运行，推进场外市场建设，创造条件有效地拓展直接融资渠道；规范和引导民间金融健康发展，积极规范发展股权投资基金等投融资方式，吸引更多社会资金参与基础设施建设、灾后重建项目和国有企业改革重组。在产品方面，现有的如短期融资券、中期票据、集合票据等中小企业融资工具的发行规模将会扩大，也可能产生新的中小企业融资工具，信贷资产转让平台的建设及资产证券化的推动步伐将可能有所加快，股指期货等金融衍生产品也将获得平稳发展。

（四）金融市场的相关制度建设将继续推进

2010年，我国财政金融领域的潜在风险可能增加。因此，在推动金融市场创新发展，促进经济平稳较快增长的同时，也需要加强审慎性监管，切实维护金融稳定，防范系统性金融风险。为此，2010年我国金融市场的制度建设与基础设施建设将进一步推进。

在市场制度建设方面，中介机构和自律组织对金融市场的监测和管理作用将进一步发挥，监管与自律管理将进一步有效连接。黄金市场制度建设将继续推动，以引导并推动金融机构黄金业务稳步规范发展。场外金融衍生产品市场监管法规体系将得到进一步完善。股票与期货市场的发行与交易制度将进一步健全。

在基础设施建设方面，结算代理制度将进一步完善，结算代理人获得的政策支持将有所增加，其在引入投资者和推动中小投资者积极参与债券二级市场投资方面的作用将更为重要。债券市场做市商队伍将进一步扩大，对做市商的政策支持力度将有所加强，考核机制将得到完善。将推动上海黄金交易所建立询价交易系统，引导商业银行开发黄金市场系统，建立我国黄金市场统一的黄金市场交割标准。外汇即期净额清算业务将继续得到完善，并将逐步把净额清算主体由做市商扩大到普通会员，业务范围将稳步扩大到人民币外汇衍生产品、远期、掉期等，以进一步提高衍生产品市场的流动性。

（五）金融市场对外开放将稳步扩大

一是推进跨境贸易人民币结算试点会对金融市场对外开放提出更高的要求。目前，我国与韩国、我国香港等多个国家和地区进行了货币互换，并同意以人民币购买不超过500亿美元的国际货币基金组织（IMF）债券。2010年，我国将会扩大跨境贸易人民币结算试点。随着境外主体持有的人民币数量逐步增加，必然产生多样化的资产配置需求，对货币市场、债券市场、股票市场、期货市场和黄金市场等的发展和对外开放也会提出更高的要求。二是境外人民币金融业务将进一步发展，我国金融市场的对外开放步伐也会相应加快。

第二章 货币市场

2009年，货币市场交易活跃，市场规模迅速扩大，利率从低位有所回升。同业拆借市场规模稳步增长，国有商业银行的流动性保持充裕，利率波动明显减小；债券回购市场交易量继续增加，回购利率小幅回升，信用类债券作为标的债券的回购业务规模扩大；短期融资券市场存量规模再创历史新高，利率形成机制更加市场化，中小非金融企业短期融资券注册发行工作平稳推进；票据市场交易活跃，季间波动较大，电子商业汇票系统正式建成投产，引导我国票据市场进入电子化时代。

一、同业拆借市场

在经历2007年的跨越式增长和2008年的增速回调后，2009年同业拆借市场进入平稳发展期，交易规模继续增长；上半年同业拆借利率保持低位运行，下半年从低位有所回升，利率波动进一步减小。国有商业银行的流动性保持充裕，资金供给的主导地位进一步增强，外资金融机构的资金拆借有所减少。

（一）同业拆借市场运行情况

2009年同业拆借市场累计成交19.35万亿元，日均成交774亿元，比2008年增长28.6%。2009年同业拆借加权平均利率①为1.32%，比2008年降低166个基点。2009年同

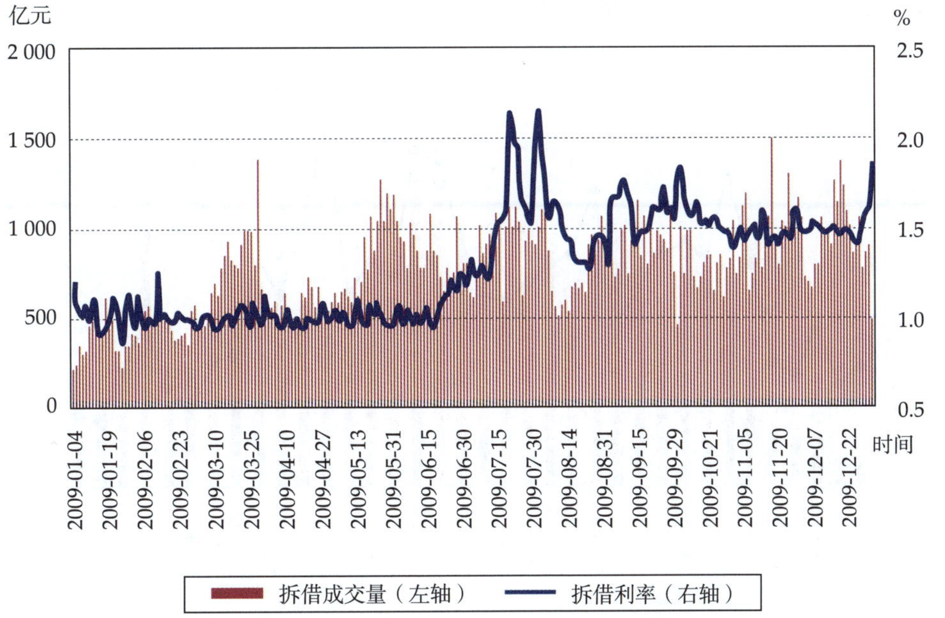

数据来源：中国外汇交易中心。

图2-1 2009年同业拆借市场量价走势

①以7天期拆借利率为代表。

业拆借利率的最高点为8月3日的2.14%，比2008年的最高点低397个基点；最低点为1月24日的0.89%，比2008年最低点低23个基点。2009年同业拆借利率的最高点和最低点之差为125个基点，比2008年收窄374个基点，利率波动明显减小。

（二）同业拆借市场运行的主要特点

1．交易规模增速稳定，市场健康发展

同业拆借市场交易规模在2007年达到10万亿元，此后两年各增长5万亿元，增速稳定。除新增市场成员带来的交易增长外，同业拆借交易增量主要来自金融机构流动性管理的实际需求增长。2009年拆入量增加最多的是股份制商业银行，在其他几类机构拆入量下降的情况下，股份制商业银行拆入资金绝对增加量为4.97万亿元，超过4.31万亿元的全市场增加量；拆出量增加最多的是国有商业银行，占全市场增量的38%。市场规模增长没有脱离金融行业的实际发展，同业拆借市场为商业银行流动性管理提供便利的功能运转更加完善。

2.在华外资银行拆借交易有所减少

2009年，在华外资银行拆借交易规模整体呈现下行趋势，每季度平均拆入量为5 408亿元，比2008年下降27.4%。外资银行拆入资金占整个同业拆借市场规模的比重全年平均为12%，比2008年下降8个百分点。

外资银行交易趋势的变化在2008年第四季度已显现。2008年9月，以雷曼兄弟公司倒闭为标志，美国次贷危机演变为全球金融危机。受此影响，中资机构对外资银行的资金拆出采取了更加谨慎的策略，外资银行在华机构同业拆借交易规模在2008年9月后出现下降。2008年第四季度，在华外资银行拆借交易笔数比2008年第三季度减少2 100多笔，拆入资金量比2008年第三季度下降35%。

虽然，2009年下半年，各种迹象显示全球主要经济体的经济运行逐渐平稳，金融危机的影响减弱，但在华外资银行的拆入资金规模并没有随之上升。第三季度和第四季

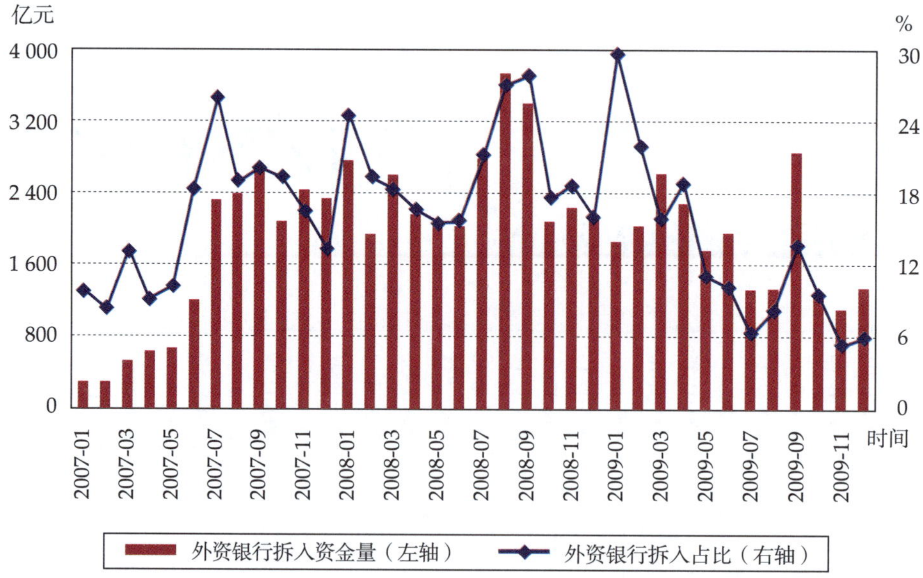

数据来源：中国外汇交易中心。

图2-2 2009年同业拆借市场中外资银行交易情况

度，外资银行拆入资金规模占整个同业拆借市场规模的比重分别为9.5%、6.6%，比第一季度20%的占比下降10多个百分点，与2008年同期相比则分别下降16个百分点和11个百分点。

3. 同业拆借利率上半年低位运行，下半年有所回升

2009年上半年同业拆借利率保持低位运行，波动幅度较小。2009年前6个月，同业拆借加权平均利率仅为1.01%，处于近十年的最低位，其中有66个交易日的同业拆借利率低于1%。2009年前6个月同业拆借最高利率和最低利率相差仅35个基点，也为近十年同业拆借利率波动最小的时期。在适度宽松的货币政策下，市场资金充裕，是同业拆借利率低位运行的主要原因。

2009年下半年，随着中央银行票据发行规模扩大，市场流动性相对减少，同业拆借利率稍有抬升。2009年6月，新股发行制度改革实施，新股发行重启，同业拆借利率在新股申购期间仍有明显波动。但是与2007年、2008年相比，同业拆借利率波动幅度明显减弱。以2009年7月22日“中国建筑”股票发行为例，同业拆借利率波动幅度约为30个基点，而2007年9月发行规模大体接近的“建设银行”股票发行期间，同业拆借利率波动幅度高达160多个基点。

（三）同业拆借市场发展展望：提高市场参与度

自2007年《同业拆借管理办法》实施以来，同业拆借市场主体更加多元化，数量也不断增加。截至2009年年末，同业拆借市场成员达854家，比2006年年末增加151家。

同业拆借市场成员数量增加的同时，不同成员的市场参与程度出现分化。2009年，国有银行、股份制银行、城市商业银行和外资银行是市场上最活跃的四类机构，交易量约占整个市场的90%，尤其是16家上海银行间同业拆借利率(Shibor)报价银行，在2009年的4万多亿元新增交易量中，16家报价行贡献了70%。但市场成员中还有相当一部分交易不活跃，甚至取得业务资格后从未进行过交易，成为“睡眠账户”。据统计，近五年来从未进行过同业拆借交易的市场成员有359家，其中70%以上是城市商业银行、城乡信用社、农村商业银行、农村合作银行等中小金融机构。

中小金融机构的市场参与度低，主要有以下几方面的原因：一是中小金融机构往往难以取得大型金融机构的授信，无担保品的信用拆借业务无法开展；二是中小金融机构的人力资源有限，市场操作经验不足，未能有效地寻找交易对手方，也限制了它们参与同业拆借业务。

中小金融机构的市场参与度不高，交易集中在少数大型机构，对市场长远发展产生了一定的影响。进一步发展同业拆借市场，需考虑提高中小金融机构的市场参与度，优化市场结构。首先，应继续加强透明度管理，提高参与主体的财务透明度，进一步缓解市场中的信息不对称问题，以帮助中小金融机构获得大型金融机构的授信。其次，鼓励发展货币市场经纪人，逐步解决中小金融机构寻找交易对手难等问题。最后，在时机成熟时引入货币市场做市商制度，改变目前扁平化的市场结构，形成合理的市场分层，提高市场效率，促进市场健康发展。

二、债券回购市场

2009年，债券回购市场交易规模继续增

加，回购利率小幅回升。信用类债券作为标的债券的回购业务规模扩大，回购利率走势与其他货币市场利率走势保持同步。

（一）债券回购市场运行情况

2009年，银行间债券市场回购累计成交70.29万亿元，日均成交2 811亿元，比2008年增长21%。其中，质押式回购累计成交67.7万亿元，日均成交2 708亿元，比2008年增长20%；买断式回购累计成交2.59万亿元，日均成交104亿元，比2008年增长49%。另外，交易所债券回购累计成交3.60万亿元，比2008年增长48%。

2009年，质押式回购加权平均利率为1.07%，比2008年降低149个基点。回购利率最高点为7月21日的1.83%，最低点为3月6日的0.83%，全年利率极差为100个基点。买断式回购加权平均利率为1.08%，比2008年降低157个基点。2009年，质押式回购利率走势与买断式回购利率走势保持一致：上半年一直在低位平稳运行，下半年呈现震荡走高，市场整体利率水平明显回升。

（二）债券回购市场运行的主要特点

1. 回购市场总体规模稳步增长，增长幅度有所放缓

2009年，银行间债券市场回购成交规模比上年多增12.17万亿元，连续四年保持每年10万亿元以上的增长量，同比增幅为21%，增长幅度比前几年有所放缓。仅从增长幅度上看，回购成交规模同比21%的增幅远低于市场发展初期同比200%的增幅，相比于前三年每年同比65%左右的增幅也有明显放缓的势头。但考虑到银行间债券回购市场经过十多年的发展，整体回购业务已经达到了相当的规模和水平，继续保持市场发展初期的短期翻番式高速增长既存在难度，又有可能伴随业务交易量的快速增长带来新的风险。整体回购市场的规模增长稳定在一个适当的水平上，有利于实现银行间债券回购市场的

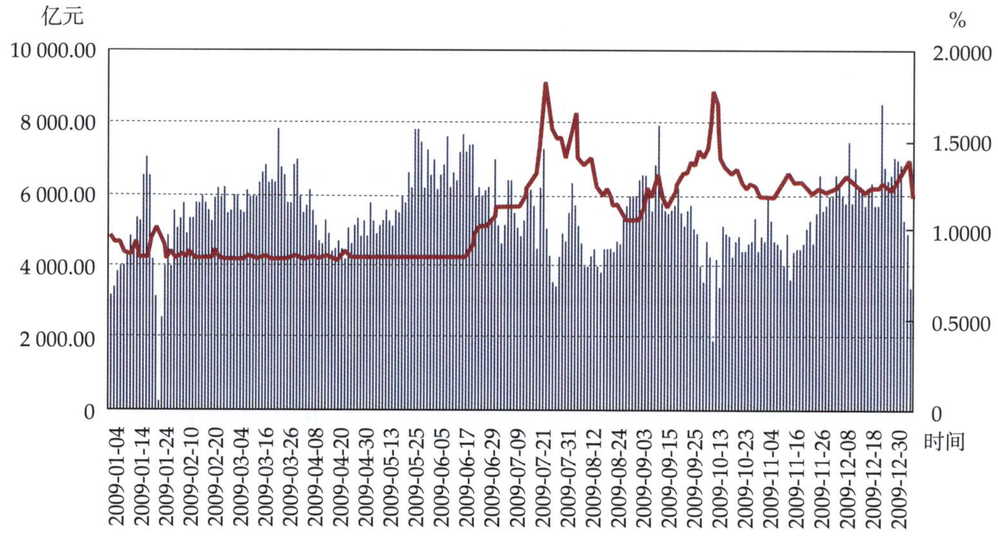

数据来源：中国货币网。

图2-3 2009年质押式回购成交量价图

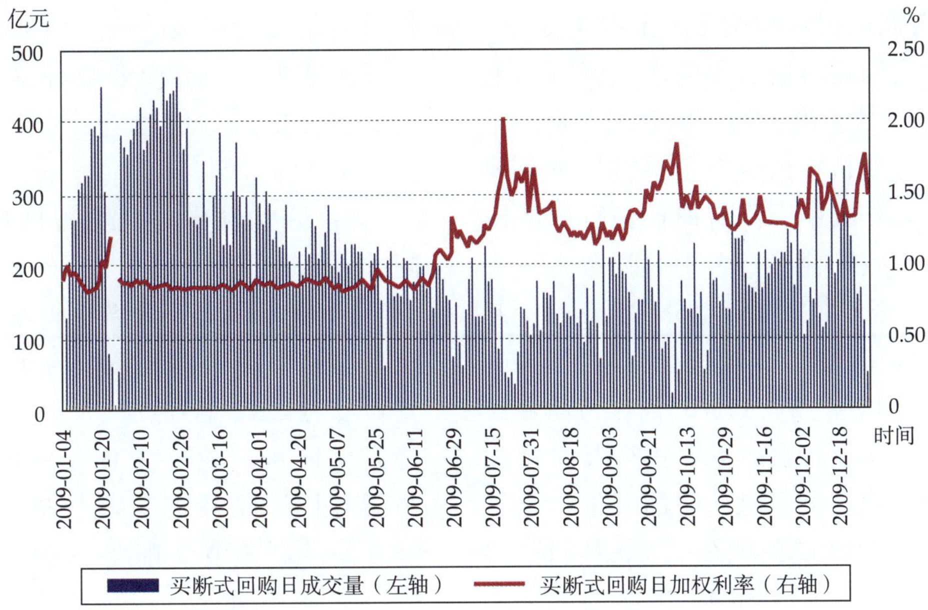

数据来源：中国货币网。

图2-4 2009年买断式回购成交量价图

长期平稳和可持续发展。

2. 隔夜回购交易规模占比大幅增加

2009年，在质押式回购诸品种中，隔夜品种成交最为活跃，占质押式回购总成交量的78%，较2008年上升14个百分点；而14天以上的交易量占总成交量的比重从2008年的3%进一步下降至2009年的2%；买断式回购14天以下的交易量占总成交量的比重高达95.84%，且其中隔夜品种交易占比从2008年的58.8%升至2009年的77%，回购市场整体短期化特点更加凸显。这一方面表明回购交易的货币市场属性不断增强，回购交易的头寸调节功能较融资功能发挥得更加充分；另一方面也反映了市场主体对资金和所持债券的流动性的要求更高。

3. 信用类债券作为回购标的债券的占比上升

2009年，89.31%的质押式回购以国债、中央银行票据和政策性金融债为回购标的，比2008年下降了4.69个百分点。其中，以中央银行票据作为回购标的的交易占比由2008年的37.6%回落至2009年的30.9%；而以短期融资券、中期票据和企业债为回购标的的质押式回购占比为8.99%，比2008年上升了5.09个百分点。这种结构变化既有总量上2009年中央银行票据发行量减少而信用类债券发行量迅速增加的因素，也受到在宏观经济复苏的大背景下，金融机构从事交易融资时对信用类债券作为回购标的的信心有所恢复的影响。

2009年，买断式回购的标的也集中于国债、中央银行票据和政策性金融债，但与质押式回购不同：回购标的为国债和政策性金融债的买断式回购占比较2008年下降了12.74个百分点，而回购标的为中央银行票据的买断式回购占比则上升至2009年的47.81%。

4. 国有商业银行回购净融出占比提升

从质押式回购市场全年的净融资方向来看，2009年中资金融机构总体表现为资金净融出，外资金融机构或合资金融机构则表现为资金净融入。其中，国有商业银行、股份制商业银行、政策性银行分别名列资金净融出的前三位，全年净融出资金分别为23.91万亿元、10.87万亿元和5.80万亿元，合计占市场融出净额的比例达97.31%；而城市商业银行、农村信用联社、农村商业银行及农村合作银行分别名列资金净融入的前三位，全年净融入资金分别为10.38万亿元、10.2万亿元、4.4万亿元，合计占市场融入净额的比例达59.91%。国有商业银行资金净融出占比大幅上升，比2008年提高约17个百分点，资金融出规模也较2008年增加了一倍；同时，城市商业银行资金融入占比则比2008年提高了16个百分点。这一融资结构变化的主要原因在于，2009年市场整体流动性持续增加，使得回购市场融资收益相对较低，其他商业银行受流动性管理策略调整的影响，同比净融出资金减少，国有商业银行在回购市场中主要的资金供给方地位进一步上升。

5. 回购利率与同业拆借利率继续保持同步

2009年，同业拆借与质押式回购的日加权平均利率序列相关系数为0.989，平均利差缩窄为2.32个基点，表明两类利率继续保持高度同步。这一方面反映同业拆借市场和债券回购市场的关联性进一步增强，另一方面从利差波动幅度上分析，2009年市场流动性充裕的状况使得市场利率水平整体处于低位，客观上缩小了利率体系中关联性利率品种的波动偏离空间。从图2-5中可以看出，当2009年上半年市场利率水平稳定于低位时，同业拆借和质押式回购的利差保持窄幅波动；随着2009年下半年市场利率水平的整体上升，同业拆借和质押式回购的利差波动加大。

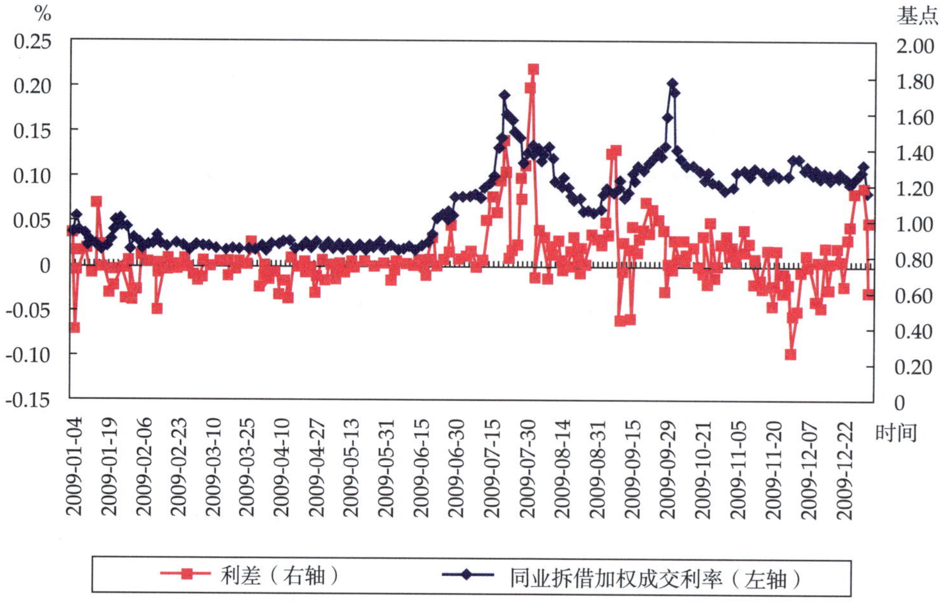

数据来源：根据中国货币网的数据整理。

图2-5 2009年同业拆借与债券回购的利差变化

（三）债券回购市场发展需关注的问题

随着回购市场的快速发展，参与回购交易的主体范围不断拓展，回购业务本身的各种融资交易特性也逐步为市场成员所认识和运用。2009年由于实施一揽子经济刺激计划，金融机构的资金运用偏向于贷款发放，银行间债券市场交易相对平稳。2010年随着积极财政政策和适度宽松货币政策的继续实施，银行间债券市场的整体资金仍保持相对宽松，但由于贷款规模保持2009年的高增长势头存在诸多制约因素，未来金融机构通过资本市场运用资金的要求更为强烈，有利于回购市场交易融资行为的活跃。同时，随着回购交易量的增加，也需要防范异常交易和违规交易，比如利用债券回购过度放大杠杆投资，质押式回购中质押品管理不到位，甚至通过回购融资但并非主要用于弥补短期头寸不足和解决临时性周转资金需要的行为。这些异常交易行为，一方面，对银行间市场价格形成了干扰，会累积放大风险，影响市场稳定运行；另一方面，也反映了市场成员内部对交易行为的管理没有到位，存在潜在的政策风险、市场风险和操作风险等隐患，应予高度重视。

三、短期融资券市场

2009年，短期融资券市场保持平稳、健康发展的态势。短期融资券发行总量持续增长，市场存量规模再创历史新高，二级市场交易依然活跃，一、二级市场利率探底回升，利率形成机制更加市场化。中小非金融企业短期融资券注册发行工作平稳推进。

（一）短期融资券市场运行情况

2009年，共有214家发行主体累计发行263只短期融资券，较2008年减少5只；累计发行额为4 627.05亿元，较2008年增长7.6%；累计兑付263只，累计兑付金额为4 269.1亿元。截至2009年年末，未到期短期融资券余额为4 561.05亿元，较2008年年末增长8.5%。2009年，平均每只短期融资券的发行规模为17.59亿元，较2008年增加1.55亿元。

2009年，短期融资券二级市场交易较2008年略有下降，但仍然活跃。全年现券交易累计额为2.8万亿元，较2008年下降2.6%；现券平均周转率为641%，低于2008年779%的水平。

2009年，短期融资券二级市场收益率呈先抑后扬的态势。2009年第一季度，由于国际金融危机仍在扩散蔓延，市场主体对国内宏观经济刺激政策的效果存在不稳定的预期，加之市场资金比较充裕，短期融资券二级市场收益率延续2008年第四季度的下跌趋势，继续走低。第二季度，国际国内经济运行中的积极因素进一步增多、债券供给大幅增加、股市升温引起部分机构资产配置结构转变等因素促使短期融资券市场价格有所回调，但因经济走势尚未完全明朗，4月初，收益率绝对水平达到近年来的低谷。之后，短期融资券收益率在低位震荡。从2009年第三季度开始，我国宏观经济企稳回升的迹象越来越明显，通货膨胀预期有所升温，股市不断冲高且IPO重启，中国银监会出台了加强商业银行的资本监管措施，7月初，随着债券市场基准收益率上升，短期融资券的收益率也开始缓慢爬升。2009年下半年，短期融资券二级市场收益率整体呈上行态势。

短期融资券一级市场发行利率走势与二级市场收益率走势相近。2009年第一季度，1年期中央银行票据的收益率在低位震荡，短期融资券的发行利率继续走低，不少短期

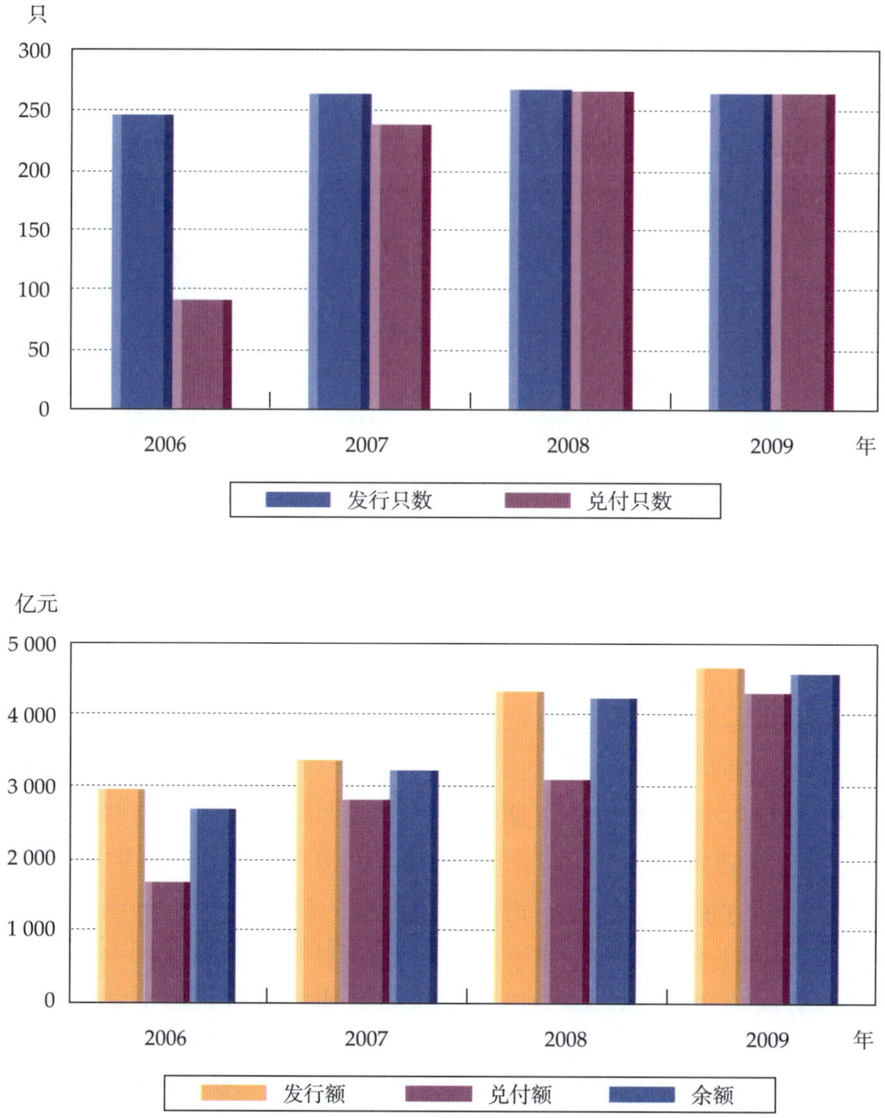

数据来源：中国银行间市场交易商协会。

图2-6 2006～2009年短期融资券发行兑付概况

融资券出现一级市场、二级市场倒挂现象；第二季度，1年期中央银行票据的二级市场收益率开始上行，短期融资券的发行利率开始震荡爬升；第三季度后，短期融资券发行利率进入上行通道，但一级市场、二级市场倒挂现象依然存在。

（二）短期融资券市场运行特点

1.短期融资券市场继续增长，但增速明显放慢

短期融资券市场日趋成熟，优质信用主体已经充分利用该工具融通企业流动资金，市场扩容增速放缓，进入平稳发展阶段。

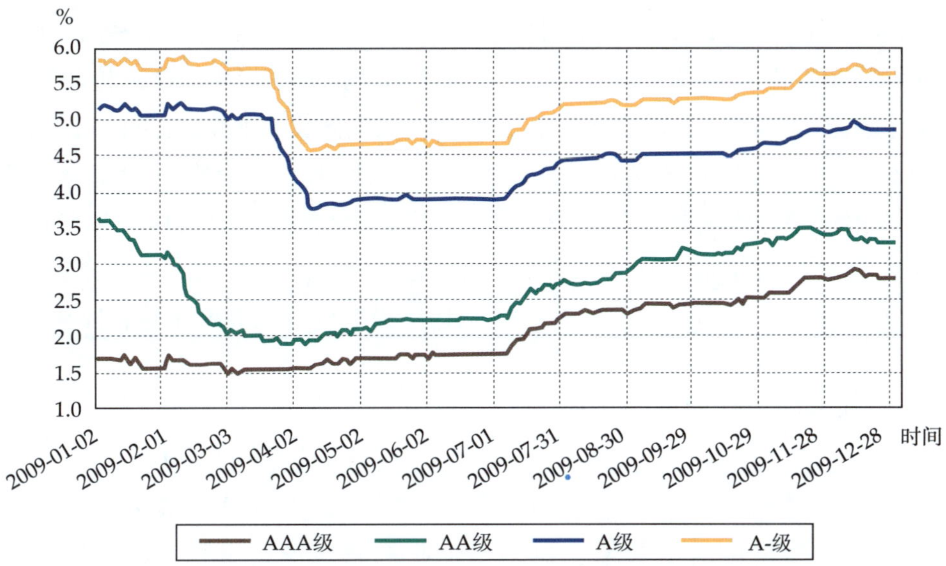

数据来源：中国银行间市场交易商协会。

图2-7 2009年短期融资券二级市场收益率变化情况

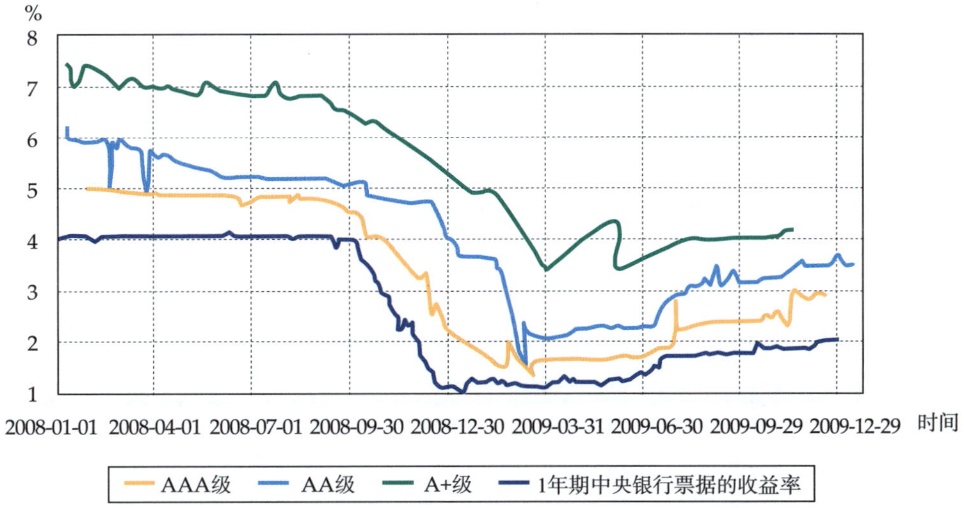

数据来源：中国银行间市场交易商协会。

图2-8 2008~2009年短期融资券发行利率变化情况

2009年，214家非金融企业共累计发行263只短期融资券，比2008年减少5只；发行金额达4 627.05亿元，比2008年增长7.6个百分点；年末短期融资券市场余额为4 561.05亿元，比2008年年末增长8.5%，增速放慢。

2．高信用等级发行人和券种所占的比重提高

2009年，在214家短期融资券发行人中，主体信用评级为AA级及以上的发行人有127家，占发行家数的59.4%，比2008年增加

2.8个百分点。主体信用评级为AA级及以上的发行主体累计发行短期融资券4 087亿元，占短期融资券发行总量的88.3%，较2008年增加了3.5个百分点。其中，主体信用评级为AAA级的发行人累计发行短期融资券2 734亿元，占短期融资券发行总量的59.1%，比2008年增加了6.7个百分点。

3. 中小企业短期融资券注册发行工作平稳推进

中国银行间市场交易商协会继续落实中央加大对中小企业扶持力度的有关政策，进一步推动中小企业短期融资券的注册和发行工作，缓解中小企业融资难状况，促进实体经济发展。2009年全年共接受3家中小企业的发行注册，发行3只中小企业短期融资券，金额合计为1.05亿元。

4. 机构投资者的集中度小幅上升

2009年，经济运行态势、通货膨胀预期、股票市场升温等因素对机构投资者的影响较强，短期融资券的持有主体结构较2008年出现一些变化，商业银行和基金成为短期融资券的最主要持有者。2009年年底，商业银行和基金合计持有3 636.64亿元短期融资券，占比达79.7%，比2008年年底提高3.1个百分点。

（三）短期融资券市场发展展望

1.市场供需依然旺盛

短期融资券已经成为一项成熟的非金融企业融通流动资金的产品。随着国内出口增速回升、经济增速加快，企业经营的外部环境趋好，产能利用率逐步提高，融通流动资金的需求转强，短期融资券的低融资成本和便捷、透明的发行流程将继续对企业产生强大的吸引力。此外，短期融资券市场在落实中央宏观调控措施中仍然发挥着重要作用。

商业银行、保险公司等配置型机构对短

表2-1 机构投资者持有短期融资券情况表

单位：亿元、%

	持有余额(2009年)	占比	比2008年增减	持有余额(2008年)	占比	比2007年增减
特殊结算成员	88.85	1.95	178.35	31.92	0.76	185.00
商业银行	2 741.03	60.10	35.50	2 022.84	48.13	-11.51
全国性商业银行	2 391.79	52.44	35.07	1 770.80	42.13	-9.12
外资银行	21.30	0.47	301.89	5.30	0.13	1 666.67
城市商业银行	216.96	4.76	35.06	160.64	3.82	-32.26
农村商业银行	55.33	1.21	-10.32	61.70	1.47	-30.05
农村合作银行	55.65	1.22	128.07	24.40	0.58	106.78
信用社	258.75	5.67	-34.22	393.34	9.36	113.77
非银行金融机构	50.56	1.11	-53.89	109.66	2.61	249.04
证券公司	304.99	6.69	17.48	259.60	6.18	57.77
保险机构	214.26	4.70	28.77	166.39	3.96	17.65
基金	895.61	19.64	-25.06	1 195.03	28.43	235.99
非金融机构	7.00	0.15	-71.22	24.32	0.58	-13.95

期融资券有一定的刚性需求。受通货膨胀、基准利率上调的预期影响，以商业银行为首的配置型机构投资者将回避通货膨胀风险较大的长期债券，实施短久期策略，对短期融资券的配置仍然旺盛。随着债券收益率的回升以及股市风险的凸现，保险公司对短期融资券的配置需求依然强烈。

2. 市场增速放缓

短期融资券市场经过近几年的发展，优质客户已在短期融资券市场中融通了一定数量的资金，在“累计债券余额不超过公司净资产额的40%”的规定下，优质客户进一步扩大发行规模的余地相对较小，只有更多信用级别较低的发行主体进入该市场，才能促进其规模进一步快速增长。目前，受到国内金融市场的风险分担机制、风险资产投资监管制度以及不同风险偏好的投资者队伍建设等因素的限制，信用级别较低的主体较难进入短期融资券市场，短期融资券市场的发行规模增速可能逐步放缓。

3. 一级市场、二级市场的收益率将继续上行

2010年经济将保持一定的增长势头，在大宗商品价格受全球经济缓慢复苏的影响可能会持续上涨、市场预期美元会相对人民币走软等因素的共同作用下，市场对通货膨胀和基准利率上调的预期强烈，将对短期融资券的收益率形成上行压力，一级市场、二级市场的收益率可能会逐步上升。

四、票据市场

2009年，票据融资规模增长明显，显现出前高后低的态势，市场运行受政策因素的影响明显，票据交易活跃，交易量的波动性加大，票据市场利率先抑后扬，票据业务监管加强。商业汇票转贴现标准合同文本在全国推广，电子商业汇票系统正式建成投产，我国票据市场迈入电子化时代。

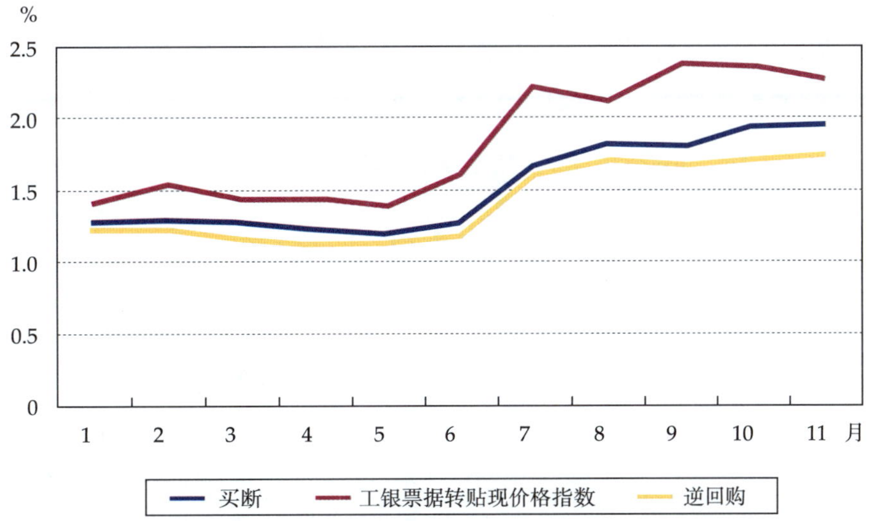

数据来源：根据中国票据网、工商银行票据营业部等数据整理。

图2-9 2009年票据市场相关利率走势

（一）票据市场运行情况

2009年，我国票据市场累计签发商业汇票10.27万亿元，同比增长44.9%；累计贴现23.6万亿元，同比增长71.4%；累计办理再贴现248.8亿元，同比增长126.8%。2009年年末，商业汇票未到期金额为4.1万亿元，同比增长29.4%；票据贴现余额为2.4万亿元，同比增长23.7%；再贴现余额为181.2亿元，同比增长684.8%。

2009年票据市场运行呈现冲高回落的态势。第一季度，票据规模月增速保持在12%以上，其中1月单月增速高达32.4%。3月末，贴现余额达3.4万亿元。第二季度，商业银行加大了信贷结构调整，收缩商业汇票承兑和贴现业务，票据规模增速明显减缓，月增速快速回落至4%以下。6月末，贴现余额微增至3.6万亿元。第三季度，票据规模出现快速回落。9月末，贴现余额降至2.8万亿元。第四季度，票据规模下降趋缓。12月末，贴现余额为2.4万亿元。

2009年，票据市场利率先抑后扬，上半年在低位区间波动，下半年震荡上行。中国票据网报价信息显示，上半年票据市场交易利率在1.1‰～1.3‰的低位区间震荡整理；自6月中旬开始，票据利率随Shibor逐步走高；7月票据利率上行至1.7‰～1.8‰区间；8月利率小幅回落后，横向整理；9月以后，市场利率再次走高。12月，票据买断利率达到2.4‰，较年初上升约110个基点。同时，"工银票据转贴现价格指数"也呈现同步变化，6月末报收688点，较年初增长77点，涨幅为12.6%；12月末报收1 123点，较年初增长512点，涨幅达到83.8%。

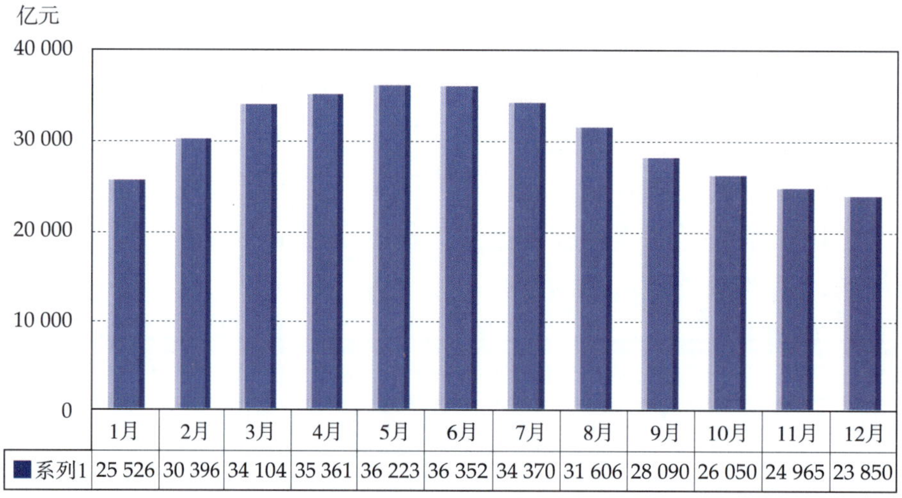

数据来源：根据中国票据网、工商银行票据营业部等数据整理。

图2-10 2009年全国票据贴现余额变动趋势

（二）票据市场运行的主要特征

1. 票据市场规模受政策因素的影响明显，占比逐季回落

2009年年初，在适度宽松货币政策的环境下，商业银行通过开展商业票据的承兑、贴现等票据融资业务增加信贷投放，支持了经济发展和中小企业融资。第一季度新增票据融资规模超过1.48万亿元，占全部新增贷款4.58万亿元的32.3%，成为信贷投放的有力支撑。第二季度，监管机构对票据市场的指导加强，票据业务检查力度加大，票据融资规模增速明显放缓，环比增加2 248.07亿元，环比增速下降到6%左右。下半年，受货币政策微调的引导，商业银行通过压缩票据业务释放贷款规模，票据融资规模迅速回落，截至12月末，票据贴现余额较6月末减少1.25万亿元，全年新增票据融资规模在新增贷款中的占比回落至4.76%。

2．票据市场交易活跃，票据签发量和贴现量大幅波动

2009年，金融机构积极开展票据业务，票据市场主体的交易意愿增强。在宏观调控政策下，商业银行不断调整信用承兑和票据融资以支持信贷业务需求，票据签发量和贴现量在季度间呈现大幅波动。第一季度，票据交易量达到全年高峰，企业累计签发商业汇票3万亿元，同比增长80.9%；累计贴现6.2万亿元，同比增长107.7%。第二季度，票据签发量回落至2.4万亿元，环比下降20%，贴现量保持惯性增长，环比增长6.06%；第三季度，票据签发量与6月末持平，贴现量环比下降19.7%；第四季度，票据签发量环比增加0.1万亿元，贴现量环比减少0.38%。

3．买断交易趋于下降，回购交易明显回升

2009年上半年，票据融资替代信贷增长特点较为明显，市场交易以买断为主。中国票据网报价显示，2～6月，买断和逆回购的报价总金额为31 900亿元，是同期卖断和正回购报价总金额的2.13倍。而买断与卖断报价金额比为1.84∶1。下半年，适度宽松的货币政策出现微调后，商业银行更加注重资产配置的收益性，持票意愿明显减弱，中长期贷款替代票据资产的现象普遍，回购交易以其不增加贷款规模的特点重获市场青睐，交易量明显回升。7～11月，买断票据报价金额为10 309亿元，买断与卖断报价金额比缩减为1.36∶1。同期逆回购报价占买方报价金额的44.05%，较前期上升11.61个百分点，回购交易回升势头明显。

4．票据业务监管趋严，金融机构合规经营和风险防范意识普遍增强

年初票据融资的迅猛增长引发了市场对贴现资金用途合规性等问题的关注，监管部门加大了票据业务监管力度，引导金融机构合规开展票据业务。为降低票据业务风险，各票据专营机构严格执行买入票据交易背景的审核标准，加大了对票据贴现、转让流通到托收等各环节操作风险的管控，尤其是严防假票、“克隆票”和融资性票据流入市场；各商业银行纷纷提高票据业务办理标准，健全票据业务防控体系，加大同业票据业务风险管理技术交流，有效地降低了票据市场的整体风险。

5．商业汇票转贴现标准合同文本在全国推广，积极作用显现

2007年，中国人民银行上海总部组织上海市金融机构起草了银行承兑汇票转贴现标准合同文本，并于当年在上海地区推广使用。2008年，为推动“长三角”地区票据市场融合与创新，在人民银行上海总部和人民银行南京分行、人民银行杭州中心支行的推动下，银行承兑汇票转贴现标准合同文本在“长三角”地区得到推广和广泛使用。同年，人民银行上海总部会同江、浙两省人民银行，组织“长三角”地区金融机构起草了商业承兑汇票转贴现标准合同文本，在江、浙、沪两省一市进行了全面推广使用。

2009年，人民银行总行要求人民银行分支行着力做好商业汇票转贴现标准合同文本推广工作。第四季度，人民银行总行先后在天津、广州、西安组织分支行召开三次“银行间票据市场制度建设专题片区会议”，组织在全国范围内推广商业汇票转贴现标准合同文本。目前，商业汇票转贴现标准合同文本在全国的推广工作已全面展开，并在规范金融机构的票据交易行为和提高整个票据市场交易的标准化程度方面取得良好成效。

6. 电子汇票系统成功运行

2009年10月28日，人民银行电子商业汇票系统建成运行，第一批上线的有20家机构（包括11家全国性银行、2家地方性商业银行、3家农村金融机构和4家财务公司）。开通后的三个工作日内，通过系统登记托管的电子商业汇票214笔，金额5.71亿元；收到纸质商业汇票登记2.5万笔，涉及金额385.5亿元。提供纸质商业汇票查询服务60笔。电子商业汇票系统的建成，对降低票据业务风险和成本、促进全国统一的票据市场的形成、丰富支付结算工具、便利中小企业融资、促进经济发展具有重要意义。

（三）票据市场发展展望

2010年，影响票据市场发展和银行票据业务开展的宏观经济和金融市场因素复杂多变，商业银行的票据业务经营将面临更多的挑战。

1. 票据市场或受政策影响延续调整态势

2010年，人民银行在继续执行适度宽松的货币政策的同时，将根据国际国内经济金融形势的变化，适时进行货币政策微调。预计票据市场在较长一段时间会作适应性调整，商业银行对票据业务将采取较为谨慎的经营策略，同时加大票据业务对信贷结构的调整力度。

2. 票据市场供需均衡性将更趋合理

在目前较为均衡的市场环境下，货币政策微调将继续促使票据市场买卖力量朝着均衡方向发展。预计回购式交易将成为各商业银行运用资金获得收益并规避利率风险的主要方式，在交易总量中的占比将继续上升。

3. 票据市场利率将继续震荡走高

2010年，影响票据市场利率走势的因素更为复杂，总体来看，拉动票据市场利率上行的因素更多，票据市场利率延续震荡上行的可能性较大。一是人民银行在执行适度宽松的货币政策的同时，将加大流动性管理力度，银行资金头寸的宽裕程度较2009年将有所下降，票据买入意愿下降；二是国际、国内宏观经济金融形势逐步走向全面复苏，可能推动各类利率上行；三是年内中央银行票据到期和滚动发行量将继续走高，中央银行票据发行利率处于上升通道，这将使货币市场的各种利率总体上处于上升趋势并传导到票据市场。

4. 电子商业汇票的创新效应将逐步显现

一是电子票据市场交易主体将进一步扩展。电子商业汇票系统的推出对票据市场具有革新意义，将促使金融机构主动融入电子票据时代，上线应用的金融机构总数将会明显增加；更多符合条件的企业也将会倾向于采用电子票据以更方便地获得较纸质票据期限更长的流动资金。二是票据市场交易的深度和广度将得到有效拓展。电子商业汇票期限的延长将推动6个月至12个月期限的电子票据业务逐步增多，并进一步对票据市场起到深化作用；电子商业汇票系统对使用电子票据的企业信用的连续记录将有利于推动商业承兑汇票的发展；电子票据交易的高效性和安全性将有利于促进全国统一票据市场的形成。

5. 转贴现标准合同文本的全面推广将进一步发挥其积极作用

从两年来商业汇票转贴现标准合同文本在上海和“长三角”地区的实际使用情况看，转贴现标准合同文本的推出，完善了票据市场的基础设施和制度体系，提高了票据业务标准化程度，既有效地降低了票据业务操作风险，也有效地提升了票据市场的运行效率，进一步推动了票据市场融合与发展的步伐。随着转贴现标准合同文本在全国的广泛推广，可以预计，在全国范围内实现业务统一标准，将规范各类票据经营机构的票据行为和业务操作，对规范票据市场业务，防范市场风险，提高整个票据市场的效率发挥更加积极的作用。

专题一 电子汇票系统运行对票据市场的影响分析

2009年，电子商业汇票交易系统的研发成功和上线投产应用是我国票据市场创新发展和基础设施建设取得的一项重大成就，标志着我国票据市场迈入了电子商业汇票交易新时期。

一、电子商业汇票系统正式投产运行及其功能

近年来，人民银行一直大力推进电子商业汇票系统的研发和应用推广。经过充分的调研论证，人民银行于2008年1月作出建立电子商业汇票系统、推广电子商业汇票业务的决策。经过一年多的开发建设，电子商业汇票系统于2009年10月28日顺利建成并上线运行，20家金融机构成为首批用户，其中包括11家全国性银行、2家地方性商业银行、3家农村金融机构和4家财务公司。

电子商业汇票系统是依托网络和计算机技术，接收、登记、存储、转发电子商业汇票数据电文，提供与电子商业汇票货币给付、资金清算行为相关的服务，并提供纸质商业汇票登记查询和商业汇票公开报价服务的综合性业务处理平台。该系统支持金融机构一点或多点接入。企业通过其开户金融机构即可办理电子商业汇票业务。电子商业汇票系统有三大功能：一是电子商业汇票业务处理功能；二是纸质商业汇票登记、查询功能；三是商业汇票转贴现公开报价功能。在系统上线初期，开通了前两项功能。为实现电子商业汇票业务的实时处理，首批接入电子商业汇票系统的银行、财务公司也开发了其内部的电子票据系统，并通过与人民银行电子商业汇票系统的直接连接，实现电子商业汇票的签发、承兑、转让等。

目前，系统运行稳定，业务开展顺

利，标志着电子商业汇票系统在我国成功投产运行。

二、电子商业汇票系统及电子商业汇票业务的主要创新

电子商业汇票是票据市场的新生事物，相对现行纸质票据而言，其主要创新表现在以下四个方面：

（一）以现代科学技术革新了商业汇票的操作模式

电子商业汇票系统的建立，充分运用了现代科学技术成果，以数据电文取代了纸质凭证，以电子签名取代了实体签章，全面革新商业汇票业务的运作模式，使票据业务从传统的、手工的操作模式转换为利用计算机和网络技术实现其签发、流转和结清的现代化操作模式。

（二）将财务公司定位为票据市场的直接参与者

企业集团财务公司是我国金融机构的重要组成部分，在办理集团内部结算、降低集团财务成本、提高集团的综合竞争力方面发挥着重要作用。在电子商业汇票系统的配套制度中，首次将财务公司承兑的汇票纳入银行承兑汇票进行管理。在电子商业汇票系统中，财务公司也可直接接入系统办理业务。此举提高了财务公司参与票据市场建设、提供电子商业汇票业务的积极性，有利于扩大票据市场交易主体，进一步活跃票据市场。

（三）将电子商业汇票的最长付款期限从6个月延长至1年

纸质商业汇票的最长付款期限为6个月，而电子商业汇票的最长付款期限为1年，这对吸引企业选择电子商业汇票作为支付和融资工具、金融机构深度开发票据业务、促进1年期以内各档期票据市场利率的形成、增加票据市场交易的品种等都具有深远的意义。

（四）明确了贴现、转贴现、再贴现以及赎回的操作方式

在《电子商业汇票业务管理办法》中，对电子商业汇票贴现、转贴现、再贴现的定义及其交易方式进行了明确的界定，既对票据交易产品和方式进行了标准化，又具有灵活性和可扩展性。同时，为了消除票据交易的风险，在票据融资交易和票据结清业务中，引入了票款对付（DVP）的结算方式，通过电子商业汇票系统与大额支付系统的实时连接，在票据权利转让完成的同时实现资金交割，既提高了交易效率，又消除了票据交易中可能存在的信用风险和流动性风险。

三、电子商业汇票系统运行对票据市场发展的重要意义

电子商业汇票系统的建成运行，是人民银行组织建设运行的又一个重要跨行支付清算系统，是我国金融信息化、电子化进程中的又一个重要里程碑，标志着我国商业票据业务进入电子化时代。电子商业汇票系统的建成，对降低票据业务风险和成本、促进全国统一的票据市场的形成，丰富支付结算工具、便利中小企业融资、促进经济发展具有重要意义。

（一）有利于杜绝纸质票据操作弊端，防范票据业务风险

纸质票据的操作风险是目前票据业务经营中的主要风险之一。操作风险主要包括以下三个方面：一是书写、签章不

规范，各方理解不一，导致票据不能如期兑付的风险；二是遗失、损坏和遭偷窃的风险；三是票据被伪造、变造和“克隆”的风险。电子商业汇票系统建成运行后，通过采用统一的技术标准和可靠的电子签名，防止了因纸质票据书写、签章不规范和理解各异而产生纠纷和兑付风险，同时能够较好地防范遗失、损坏和遭偷窃风险，杜绝伪造、变造和“克隆”票据。

（二）有利于提高票据交易效率，促进全国统一票据市场的形成

电子商业汇票的出票、承兑、背书、贴现、转贴现、再贴现、质押、保证、追索等全部票据行为均通过电子商业汇票系统完成，而且电子商业汇票系统支持在线交割贴现、转贴现、再贴现和票据结清的票款，相对目前纸质票据交易要多次审验、查询照票、长途奔波交付、另行付款而言，不仅节省了人力成本，而且大大缩短了交易时间，足不出户就能完成票据在全国范围内的交易和流转，使票据交易过程更为灵活、方便、经济、高效。随着电子票据市场容量的扩大，票据交易产品的标准化、票据交易信息的公开透明，都将推动统一的全国性票据市场的逐步形成。

（三）有利于强化企业信用，促进商业承兑汇票发展

我国商业汇票业务虽然发展较快，但主要是银行承兑汇票业务发展快，商业承兑汇票业务的发展远远落后于银行承兑汇票，难以满足经济发展的需要。究其原因，主要是企业信用不足，要靠银行信用来保证。电子商业汇票系统可以全面记录企业的票据行为，形成企业的支付信用记录。合规使用票据、按时兑付票据的企业，将形成良好的信用记录，其签发、承兑的票据将会被更多的客户接受。因此，电子汇票系统的使用有利于推动商业信用的发展，从而促进商业承兑汇票的发展，扩大企业融资渠道。

（四）有利于推动短期资金利率市场化，为宏观经济决策提供准确依据

电子商业汇票将付款期由纸质票据最长6个月延长为最长1年，将对市场利率的形成产生重大影响。其交易运作将大大丰富票据市场3个月至1年期限的交易品种，有利于1年内各档期完全市场化利率的生成，为完善Shibor报价体系、形成完整的市场收益率曲线提供重要的交易数据支持。

电子商业汇票系统对所有电子商业汇票集中登记托管，能够实现对商业汇票支付、融资行为的全面、及时、准确统计，及时反映社会资金流量、流向；能够通过对票据实际融资利率以及票据市场报价的统计监测，及时了解票据市场利率的走向，为利率市场化改革和宏观经济决策提供重要参考和依据。

四、电子商业汇票系统运行对票据市场交易各方的影响

电子商业汇票的推广应用，改变了传统纸质票据业务流转方式，将重新构建现有票据市场格局，促使商业银行的经营管理体制向信息集中、资源集中、操作集中、运营集中和更加专业化转变，深刻影响金融机构和企业的票据业务经营管理模式。

（一）大幅提升商业银行票据业务的集约化程度

电子商业汇票系统的建立为金融机构统一管理票据业务提供了基础平台和技术手段。票据的承兑、贴现、转贴现、再贴现、结清等环节的联系更为密切，信息更加透明，各业务品种之间的依存度更强。因此，商业银行票据业务将向总行集中交易、集中运营模式转变。

（二）拓宽商业银行的票据产品创新空间

电子票据交易不但能规避票据遗失、伪造、变造的风险，而且能够使票据业务信息透明化，提高银行对企业融资活动的把握能力。同时，电子票据以数据电文形式存在，不仅节省业务成本，而且使产品标准化程度大幅提高，为产品创新研发提供空间。此外，商业银行可通过电子票据这一载体，向贸易链上下游客户延伸金融服务，以供应链融资模式拓展业务发展空间。

（三）加速商业银行短期信贷票据化

由于电子商业汇票的最高金额限制放宽至10亿元，最长期限放大到1年，市场化的票据融资利率，以及电子票据期限、承兑银行灵活选择的特点，将使票据进一步成为各商业银行资产运作、资金管理的重要工具，加速短期信贷票据化的进程。

（四）降低企业融资成本，提高资金使用效率

电子票据最长付款期的延长和单张票据金额的提高，将使企业签发票据时更具灵活性。由于贴现利率市场化程度高，通常远低于同档期的贷款利率，企业可将有贸易背景的短期贷款置换成电子票据，以降低短期融资成本和财务费用。同时，电子票据允许企业根据约定向商业银行赎回已贴现票据，企业可根据自身需要，有选择地贴现或赎回票据资产，盘活资金，提高资金使用效率。借助网上银行平台，企业还可以掌握辖属分公司电子票据的签发和贴现情况以及其与上下游供应商之间的货款往来情况，有效地提高现金管理能力和效率。

第三章　债券市场

2009年，面对国际金融危机带来的严峻挑战和复杂形势，我国坚持实行积极的财政政策和适度宽松的货币政策，全面实施一揽子经济刺激计划，货币信贷快速增长，银行体系的流动性保持充裕，国民经济实现总体回升向好。在上述基本面、资金面以及监管部门加强风险管理的影响下，债券市场呈现如下特点：发行量大幅增长，信用债券产品发展迅速；交易量稳步增长，收益率整体上行。2009年，债券市场的快速发展为落实一揽子经济刺激计划、推动商业银行信贷加大对经济发展的支持力度提供了重要的资金保障，债券市场逐步发展为支持国家宏观调控的重要平台之一。

一、债券市场运行的基本情况

（一）债券发行市场

1. 债券发行与托管总量增加

2009年，债券市场累计发行各类债券8.73万亿元，比2008年增加21.68%。其中，银行间债券市场发行债券8.65万亿元，比2008年增加22.25%；交易所债券市场发行债券811.5亿元，比2008年减少18.69%。

截至2009年年末，债券市场债券总托管量为17.74万亿元，比2008年增长16%。其中，银行间债券市场托管量为15.98万亿元，比2008年增长15%；交易所托管量为4 947亿元，比2008年增加58%；商业银行柜台托管量为1 358亿元；其他托管量为1.13万亿元。

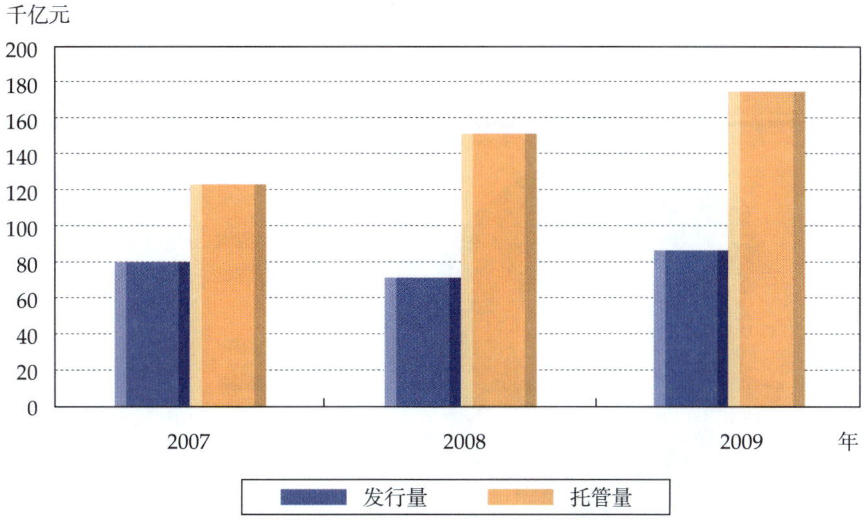

数据来源：中央国债登记结算有限责任公司。

图3-1　2007～2009年银行间债券市场债券发行、托管变化情况

2. 信用类债券发行量大幅增长

2009年，银行间债券市场非金融企业发债融资规模超过1.5万亿元，同比增长91%，成为非金融企业融资的重要途径。其中，企业债发行4 252.33亿元，比2008年增长79.66%；短期融资券累计发行4 612.05亿元，比2008年增长6.31%；中期票据累计发行6 885亿元，比2008年增长296.37%。此外，银行间债券市场还引入创新产品中小企业集合票据，累计发行三单，发行总规模为12.65亿元。

2009年，商业银行金融债券发行规模达2 846亿元，较2008年增长近两倍。其中，普通金融债券发行量为100亿元，商业银行次级债券发行量为2 681亿元，混合资本债发行量为65亿元。

3. 债券发行期限结构趋于合理

2009年，银行间债券市场长期债券发行量占比相对提高，短期债券发行量占比略有下降。3年期以内债券发行量占债券发行总量的70.7%，比2008年降低了6.65个百分点，10年期以上的债券发行量比2008年增加124.1%。同时，财政部于2009年11月首次发行了200亿元的50年期国债，债券发行期限结构得到进一步优化。

（二）债券交易市场

1. 债券交易总量稳步上升

2009年，银行间债券市场交易量稳步增长，全年累计达成现券交易48.87万亿元，同比增长20%。其中，成交量居于前三位的券种依次是政策性金融债券、中央银行票据和中期票据，占比分别为36.41%、29.8%和13.43%。

从周转率来看，中期票据达到761%，是流动性最好的券种。其余依次为短期融资券、政策性金融债券和中央银行票据，周转率分别为616%、400%和344%。

2. 债券收益率整体上行

在中国经济企稳回升的大背景下，2009年中国债券市场行情也经历了较大起伏，中债指数呈现震荡下行的整体走势。截至2009年12月30日，中债综合指数（净价）为101.1203点，较年初下跌4.03点，跌幅为3.83%，根据中债综合财富指数计算出的债券市场全年

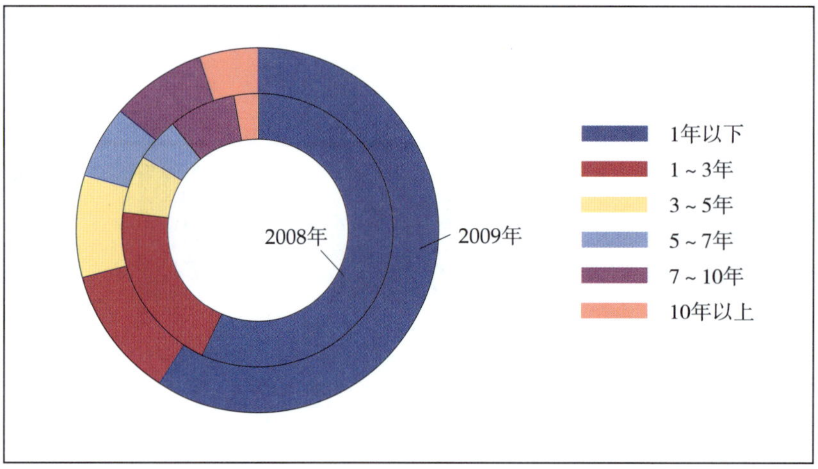

数据来源：中央国债登记结算有限责任公司。

图3-2 2008年和2009年银行间债券市场债券发行期限结构对比

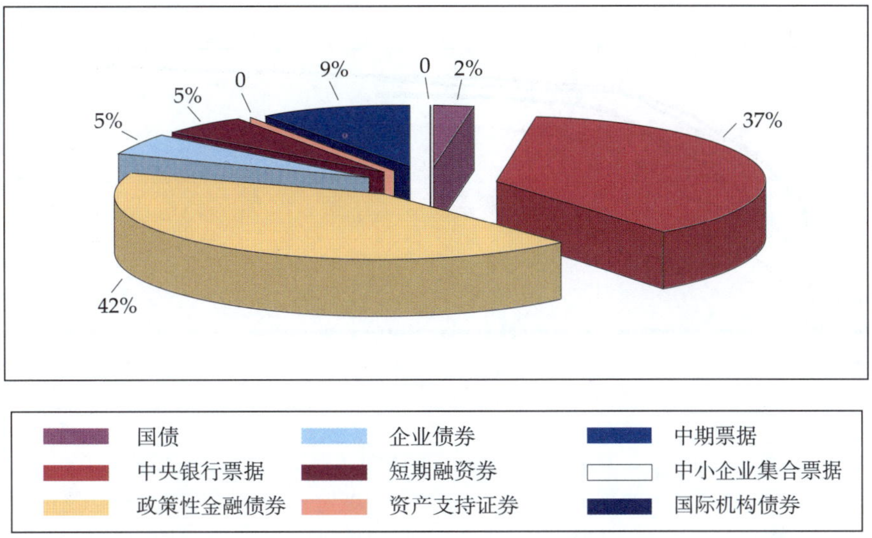

数据来源：中央国债登记结算有限责任公司。

图3-3 2009年银行间债券市场交易券种分布图

投资回报率为 -0.36%。

与债券指数整体下行相对应，债券收益率曲线呈现逐步上升走势。其走势大致可以划分为四个阶段，且呈现出不同的特点。第一阶段为1～2月，中债指数大幅下跌，尤其是长期利率品种跌幅更为明显，国债收益率曲线平均上行20个基点，其中10年期以上的长期品种平均上行36个基点；第二阶段为3～5月，债券市场整体依然延续了前期的弱势格局，但下跌速度有所减缓，中债指数震荡调整，中债收益率曲线微幅波动，银行间债券市场国债收益率曲线平均仅上移4个基点；第三阶段为6～9月，中债指数重现下跌态势，银行间债券市场国债收益率曲线平均上移47个基点，受货币市场利率上行和信用类债券收益率上行的拉动，中短端上行幅度较大，平均上行54个基点；第四阶段为10～12月，中债指数止跌企稳，中债收益率曲线

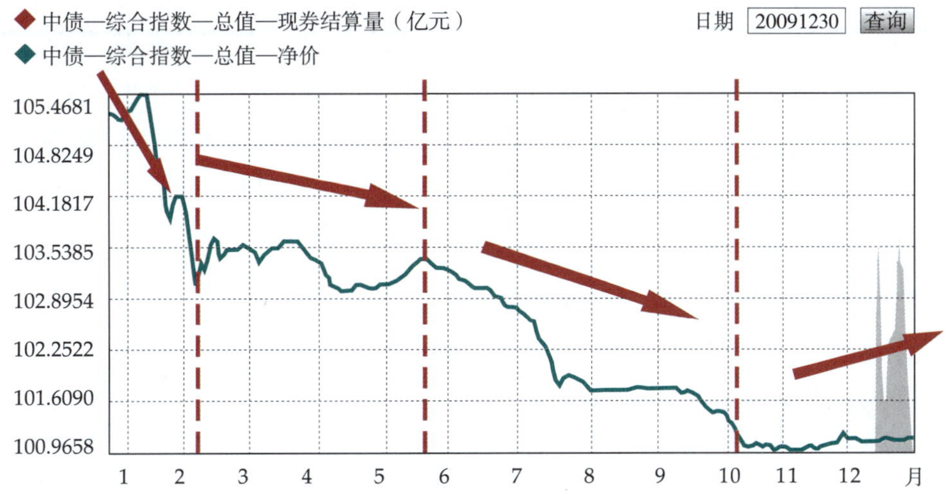

数据来源：中央国债登记结算有限责任公司。

图3-4 2009年中债综合指数（净价）变化

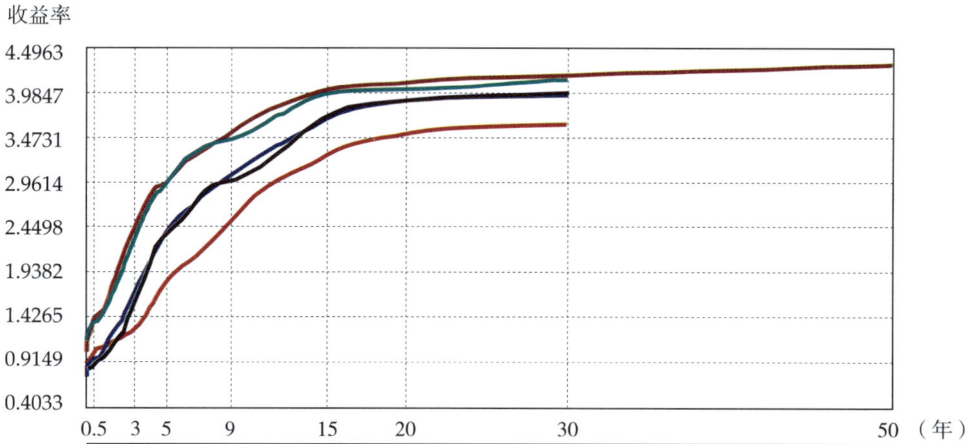

颜色	日期	待偿期（年）	收益率
■	2009-01-04	0.0	0.5982
■	2009-02-27	0.0	0.6618
■	2009-05-31	0.0	0.6860
■	2009-09-30	0.0	1.0671
■	2009-12-31	0.0	0.9277

数据来源：中央国债登记结算公司。

图3–5 2009年国债收益率曲线变化情况

也相应进行了结构化调整。

二、债券市场运行的特点

在2008年下半年的牛市行情结束后，2009年债券市场整体呈现弱势格局，自年初开始持续震荡下行，收益率曲线则整体上移。2009年年末与年初相比，银行间债券市场国债收益率曲线平均上移63个基点。从背景因素分析，一是受我国宏观经济企稳回升、逐步向好态势的影响，投资者对债券市场的投资趋于谨慎。二是从资金面来看，银行信贷规模的扩张、股票市场的反弹分流了债券市场的部分投资。三是监管部门出台的一系列关于商业银行风险控制、资本充足率要求等政策措施，在某种程度上降低了商业银行等市场主体对债券配置的需求。

（一）信用债券市场加速发展

2009年是信用债券市场大发展的时期。从市场存量来看，年末信用债券余额的市场占比达到18.5%，比2008年年末上升了7个百分点，比2007年年末翻了一番。其中，中期票据和企业债券增长最为迅速，净增量共计1.11万亿元，为同期债券市场余额净增总量的46%。从交易总量来看，包括各类金融企业及非金融企业在内的信用类债券交易量达到12.38万亿元，占同期债券市场交易总量的25%，比2008年提高了14个百分点。其中，中期票据是2009年交易量增长最快的券种，比2008年增长近8倍。从流动性水平来看，信用类债券周转率达到420%，远高于债券市场282%的平均周转率。其中，中期票据和短期融资券是银行间债券市场周转率最高的债券，平均周转率（现券结算面额/期末托管面额）分别为761%和616%。从产品结构来看，债券市场的创新品种如中期票据含权产品、美元中期票据和中小企业集合票据等，分别于2009年4月、5月和11月相继推出，进一步丰富了信用债券品种，信用结构也得到优化。

（二）投资者进一步多元化

截至2009年年末，银行间债券市场参与者达9 247家，比2008年增加11.42%。新增的1 032家开户机构包括369家企业、543家基金、67家信用社、30家银行、5家保险机构、11家非银行金融机构和7家证券公司。2009年3月和7月，中国人民银行先后发布《中国人民银行公告》（[2009]第5号）和《中国人民银行公告》（[2009]第11号），将基金公司特定客户资产管理组合、证券公司证券资产管理计划等集合投资者引入银行间债券市场。截至2009年年末，银行间债券市场已有五类集合投资者，其中，有390只企业年金、8只保险产品、164只信托产品、79只基金公司特定客户资产管理组合和43只证券公司证券资产管理计划在中央国债登记结算有限责任公司开立了债券托管账户。随着集合投资者的逐步加入，银行间债券市场参与者类型进一步丰富，使银行间债券市场以做市商为核心、金融机构为主体、其他机构投资者共同参与的分层有序的市场结构得到进一步确立和巩固。

（三）债券市场为应对金融危机提供重要资金保障

2009年，债券市场为落实一揽子经济刺激计划、推动商业银行信贷加大对经济发展支持力度提供了重要的资金保障。从支持政府融资看，国债发行1.42万亿元，同比增长近一倍；新的积极财政政策工具在债券市场推出，地方政府债发行2 000亿元。从支持企业融资看，中期票据、短期融资券和企业债共计发行1.57万亿元，进一步缓解了我国直接融资和间接融资不平衡的问题。从支持商业银行信贷扩张看，商业银行通过发行普通金融债券融资100亿元，通过发行次级债券及混合资本债券补充资本金2 746亿元，从而有效地支撑了贷款规模。债券市场经过近年的快速发展，其资源配置、价格发现、风险管理等方面的功能得到更充分的发挥，在国民经济运行中的作用越加突出，逐步发展成为支持国家宏观调控的重要平台之一。

三、债券市场创新情况

（一）产品创新步伐有所加快

2009年，我国债券市场产品创新步伐进一步加快，与此同时，债券市场的基础产品得到丰富。

1. 地方政府债券

2009年，为落实应对国际金融危机的一揽子刺激经济计划，债券市场推出新的政府筹资工具——地方政府债券，全年共计发行2 000亿元。地方政府债券资金主要用于中央投资地方配套的公益性建设项目及其他难以吸引社会投资的公益性建设项目。投资项目资金使用范围主要包括：保障性安居工程，农村民生工程和农村基础设施，医疗卫生、教育、文化等社会事业基础设施，生态建设工程，地震灾后恢复重建以及其他涉及民生的项目建设与配套等。

地方政府债券的发行具有重要意义：

一是落实地方配套资金，保障4万亿元投资计划的执行。为应对国际金融危机的冲击，扩内需、保增长、调结构，国家出台了4万亿元投资的经济刺激计划，较大规模地增加政府公共投资。除中央投资外，很多投资项目需要地方提供配套资金，而在国际金融危机负面影响日渐显露的情况下，地方政府资金配套存在较大缺口。因此，发债筹资成为解决地方政府配套资金困难的重要方式。发行2 000亿元地方政府债券作为实行积极财政政策的重要措施，对落实一揽子刺激经济计划、扭转经济下滑态势发挥了积极作用。

二是发行地方政府债券有利于促进市场经济体制下公共财政体系建设和发展。在社会主义市场经济体制下，要求理顺政府与市场之间的关系，当地方政府资金不足时，不能再像以前那样通过提高收费、变相负债来解决问题，也不能再以行政方式分配商业银行信贷资金，而必须通过公开发行债券这样的规范途径来进行有偿筹资。市场经济体制下的公共财政体系建设要求各级政府加强财政管理，提高财政的透明度，通过发行地方政府债券，有利于规范地方政府债务管理和推进财政管理制度的深化改革。

在具体发行方式上，本次地方政府债券统一由财政部代理，按照记账式国债发行方式，面向记账式国债承销团甲类成员招标发行。此外，为便于地方政府债券的顺利发行，借鉴发达市场国家的通行做法，本次地方政府债券税收方面比照国债税收优惠政策执行，对企业和个人取得的2009年发行的地方政府债券利息所得，特案免征企业所得税和个人所得税。

2. 中小企业集合票据

中小企业集合票据是指2个（含）以上、10个（含）以下具有法人资格的中小非金融企业，在银行间债券市场以统一产品设计、统一券种冠名、统一信用增进、统一注册方式共同发行的，约定在一定期限还本付息的债务融资工具。该产品通过集合发行，引入信用增进和代偿机制等结构设计，可以在一定程度上克服中小企业单体发行债务融资工具规模较小、信用级别低、融资担保难等缺陷，缓解优质中小企业融资难问题。2009年11月，北京市顺义区中小企业集合票据、山东省诸城市中小企业集合票据和山东省寿光市“三农”中小企业集合票据共计三单中小企业集合票据成功发行，募集资金总额为12.65亿元。

中小企业集合票据的出台是落实党中央、国务院关于支持中小企业发展，解决中小企业融资难的举措，对促进中小企业规范运作和发展有着重要意义。首先，有利于充分发挥债券市场的资源配置功能，是借力债券市场缓解中小企业融资难题、促进实体经济发展的有益探索；其次，有利于丰富债券市场的发行主体和产品结构，吸引并培养风险偏好型投资者，促进我国债券市场进一步做大、做强；最后，有利于促进中小企业苦练内功、诚信经营，在规范运作中提升竞争力和知名度。

与国内已有的中小企业融资工具相比，集合票据在产品定位、产品结构以及投资者保护机制等方面都有较大创新。第一，这是市场上首次为中小企业直接债务融资量身定做的产品；第二，引入票据分层的增信方式，实现了产品结构的较大创新；第三，设置了严密的前置代偿安排，实现了本息兑付环节的技术创新。

3. 香港人民币债券产品

2009年6月和7月，内地港资法人银行

东亚银行（中国）有限公司、汇丰银行（中国）有限公司先后赴香港成功发行10亿元人民币债券和40亿元人民币债券，这是外资银行首次发行人民币债券。9月，中国财政部在香港发行60亿元人民币国债，这是首次在内地以外地区发行以人民币计价的主权债券。

此次内地港资法人银行债券以及国债在香港的成功发行，进一步提升了香港债券市场的深度和广度，有利于形成流动性较强的人民币债券二级市场，也有助于提升投资者对香港金融市场的信心，促进香港人民币市场的发展完善，进而巩固和增强香港作为国际金融中心的地位。同时，也为境外人民币持有人增加了人民币投资渠道，有利于人民币跨境使用和双向回流机制的建立。

4．非金融企业发行外币中期票据

2009年5月，中国石油天然气集团公司成功发行了总额为10亿美元的2009年第一期境内美元中期票据，标志着我国债券市场外币中期票据正式推出。

外币中期票据的创新试点，为企业提供了新的外汇融资渠道，有利于境内有实力的企业外汇融资渠道多元化，使企业能够以较低的成本募集到外汇资金，为有竞争力的企业实施“走出去”战略提供了动力，有力地支持了海外业务的扩张，促进了企业的发展，是落实“保增长、保民生、保稳定”政策的切实体现。同时，也有利于加快我国债券市场发展，丰富机构与个人外汇资产投资品种，改变我国债券市场长期以来的外币类品种少、规模小的格局，促进我国资本市场多层次、多角度地发展。此外，美元中期票据的发行，还将有利于我国债券市场从法律、税收、会计准则、信息披露、清算等方面与国际接轨，推动我国债券市场国际化进程。

（二）机构创新进一步突破

2009年9月，中债信用增进投资股份有限公司正式成立。作为我国首家专业债券信用增进机构，其成立对于发展直接融资市场，完善信用风险分担机制，缓解中小企业融资难现状具有重要作用。

中债信用增进投资股份有限公司由中国石油天然气集团公司、国网资产管理有限责任公司、中国中化股份有限公司、北京国有资本经营管理中心、首钢总公司、北京万行中兴实业投资有限公司等市场成员单位，自发联合中国银行间市场交易商协会共同发起设立，注册资本金为60亿元。该公司在业务发展初期的主要服务对象为优质中小企业及部分低信用级别的大型企业，为这类企业债务融资工具发行提供信用增进服务。随着债券市场发展及公司内部风险控制机制的完善，公司将适当扩大服务范围，并创新信用增进手段。

由专业债券信用增进公司为低信用级别发行主体发行直接债务融资工具提供信用增进服务，是国际金融市场上比较成熟的基础制度之一。通过信用增进可以降低债务融资工具发行成本，熨平信用风险引起的市场波动，实现信用风险专业管理，促进市场有序扩容，提升市场运行效率。在我国与债券产品相关的各类风险分担机制还不成熟的背景下，借鉴国际经验，成立中债信用增进投资股份有限公司对保持我国直接债务融资市场可持续发展具有现实意义。同时还有利于逐步完善我国金融市场风险分担机制，为积

极、稳妥地发展信用衍生产品市场创造条件。

四、债券市场制度与基础设施建设

（一）强化债券登记托管结算制度建设

债券登记、托管、结算是债券市场风险防范的重要环节，债券登记、托管、结算体系的规范运行是债券市场功能有效发挥的重要保障，也是保护市场参与者的合法权益、促进债券市场健康发展的必要基础。随着银行间债券市场的快速发展，新产品和新交易方式不断创新，业务运作日益复杂化、精细化，市场成员对债券登记、托管、结算环节的风险防范更加重视，对相关制度建设也提出了更高的要求。为了进一步强化银行间债券市场债券登记、托管、结算制度建设，2009年3月，中国人民银行发布了《银行间债券市场债券登记托管结算管理办法》（中国人民银行令[2009]第1号），从债券登记托管结算机构的职能与管理，债券登记、托管和结算的相关业务环节，以及参与各方的权利义务和法律责任等方面进行了规范。作为银行间债券市场基础性规章制度之一，该办法的实施有利于进一步规范债券登记、托管和结算业务开展，保护投资者的合法权益，防范相关业务风险，促进债券市场功能发挥。该办法是我国债券市场制度建设的重要规章，对我国债券市场的健康、规范发展将具有深远意义。

（二）进一步规范与完善金融债券发行管理

为进一步规范与完善金融债券发行管理，提高金融债券发行审核的透明度，健全市场约束与风险分散机制，在总结近年金融债券发行管理经验的基础上，2009年3月，中国人民银行发布《全国银行间债券市场金融债券发行管理操作规程》（中国人民银行公告[2009]第6号，以下简称《操作规程》），进一步明确了金融债券的币种范围，对金融债券发行管理的具体操作环节进行规范，设计了由发行人自行填报的“金融债券发行登记表”和“金融债券备案登记表”。《操作规程》作为《全国银行间债券市场金融债券发行管理办法》（中国人民银行令[2005]第1号）的补充，是银行间债券市场金融债券发行管理制度的有机组成部分，为金融债券发行审核的程序化、规范化和制度化提供了保障。

根据《操作规程》的要求，经中国人民银行批准，全国银行间同业拆借中心与中央国债登记结算公司于2009年10月13日发布了《全国银行间债券市场金融债券信息披露操作细则》，进一步强化了金融债券信息披露环节。

（三）允许金融租赁公司和汽车金融公司发行金融债券

为落实《国务院办公厅关于当前金融促进经济发展的若干意见》的有关要求，加大金融促进经济发展的支持力度，拓宽金融租赁公司和汽车金融公司的融资渠道，2009年9月1日，中国人民银行和中国银行业监督管理委员会正式对外公布了《中国人民银行、中国银行业监督管理委员会公告》（[2009]第14号），明确了汽车金融公司和金融租赁公司的发债条件，规范这两类机构的发债行为。允许金融租赁公司和汽车金融公司发行金融债券，是在控制风险的前提下稳步扩大发债主体的范围，加快债券市场发展的重要步骤。

（四）推动非法人机构投资者进入银行间债券市场投资、交易

近年来，基金管理公司的特定资产管理业务和证券公司的客户资产管理业务发展迅速，进入银行间债券市场进行债券交易的需求较为强烈。为此，2009年3月和7月，中国人民银行先后发布第5号和第11号公告，允许基金管理公司以特定资产管理组合的名义、证券公司以资产管理计划（包括集合资产管理计划、专项资产管理计划和定向资产管理计划）在银行间债券市场开立债券账户，并从制度安排及交易管理等方面进行了规范。

至此，银行间债券市场非法人机构投资者已涵盖企业年金、保险机构产品、信托产品、基金公司特定资产管理组合和证券公司资产管理计划等五个类别，银行间债券市场投资者类型进一步丰富。非法人机构投资者有序进入银行间债券市场进行投资、交易，不仅有利于保护投资者利益，落实相关监管要求，还可促进市场需求的差异化、多样化，进一步提高市场流动性。

（五）取消流通债券发行规模不低于5亿元的限制

结合当前市场发展的实际情况，为进一步推动债券市场健康发展，积极支持中小企业融资，2009年1月，中国人民银行发布2009年第1号公告，取消了债券发行规模须超过5亿元才可交易流通的限制条件，为中小企业通过发债进行融资创造了良好的政策条件。

（六）营造健康、有序的银行间债券市场运行环境

一是规范非金融企业债务融资工具承销人员的行为守则。随着银行间债券市场的快速发展，新的交易品种和方式不断涌现，从业人员数量不断增多，对市场相关从业人员执业行为进一步规范的迫切性和重要性日益凸显。为规范银行间债券市场非金融企业债务融资工具承销人员的承销行为，营造健康有序的市场环境，维护广大市场参与者的正当权益，2009年10月28日，中国银行间市场交易商协会发布了《银行间债券市场非金融企业债务融资工具承销人员行为守则》。行为守则共五章、二十九条，对承销人员在营销、尽职调查、注册文件制作及申报、销售、后续督导等各环节的具体行为守则进行了规定；明确规定了承销人员在营销、尽职调查、注册文件制作及申报、销售、后续督导等各环节禁止从事的如通过贿赂或其他不正当利益输送方式承揽业务、承诺（或实际）降低或变相降低市场约定的承销费率等严重破坏市场环境的行为；阐明了中国银行间市场交易商协会针对上述禁止行为可采取的电话询问、书面询问、当面约谈和现场取证等监督手段，诫勉谈话、书面警告、市场公开谴责、市场禁入等惩戒措施以及相应的免责条款。

二是加强银行间债券市场债券交易行为的自律管理。近年来，我国银行间债券市场规模持续扩大，市场参与者类型不断丰富，市场功能逐渐发挥，在金融市场体系中的作用日益显著。随着市场的快速发展，广大市场成员对于加强银行间债券市场交易管理、维护市场正常秩序的要求十分迫切。2009年12月2日，中国银行间市场交易商协会发布了《银行间债券市场债券交易自律规则》，对会员单位的债券交易行为进行自律管理。自律规则强调内部控制机制和风险管理制度，分别从岗位设置、人员资质、授权管理、内

部培训和监控系统建设等方面对会员单位提出规范要求，并在此基础上明确了会员单位的各项交易行为规范。同时，通过建立合理目的异常交易报备、可疑不正当交易调查和分层惩处机制，实现发挥中国银行间市场交易商协会自律组织的作用、加强外部约束的目的。

五、债券市场发展展望

（一）债券供给规模将进一步增加

2009 年，在应对国际金融危机一揽子计划和政策措施的作用下，我国经济总体回升向好。2010 年是夺取应对国际金融危机冲击全面胜利、保持经济平稳较快发展的关键一年。中央经济工作会议明确提出2010 年将继续实行积极的财政政策和适度宽松的货币政策。宏观政策的连续性和稳定性将推动债券市场进一步扩容。根据以往的实践，全年债券发行规模主要取决于政府债券和政策性银行债券。2010 年，在积极的财政政策基调下，我国财政支出力度继续加大，拟安排的中央财政赤字为 8 500 亿元，较上年增加 1 000 亿元，政府债券发行量将在覆盖全年到期兑付额的基础上有所增加，中央政府也将继续代发地方债 2 000 亿元。同时，政策性银行债券发行规模也会在覆盖全年到期兑付额的基础上进一步扩大。此外，受基本面、政策面、市场预期等多种因素的综合影响，普通金融债券、次级债券、中期票据、短期融资券、企业债券等主要信用债券品种的发行可能呈现不同情况。普通金融债券发行量预计将基本保持上年水平，发行机构类型将更加多元化。次级债券发行需求依然较大，但考虑到上年次级债券发行规模已经创出历史新高，预计 2010 年实际发行量不会继续大幅增加。随着宏观经济回升向好，企业的投资需求和意愿都将提升，企业多渠道、低成本融资的需求依然较大。不过，根据我国有关法律规定，企业累计债券余额不超过公司净资产的 40%，目前一些企业的发债额度已经达到或者接近发债上限，再进行大规模债券融资的空间缩小。预计 2010 年企业债券、中期票据等债券品种发行规模将有一定程度的减少，但是由于短期融资券发行上限不受净资产 40% 的约束，在宽松的政策环境下，短期融资券或将保持较大发行规模。总体来看，预计 2010 年债券市场规模将进一步扩大。

（二）市场资金供给充裕，资金结构趋于平衡

2010 年，在宽松的宏观经济政策环境下，债券市场资金供给将保持总体充裕。商业银行作为债券市场的重要投资主体，在 2009 年的债券市场投资份额中占有最大比重。2010 年，受监管政策、信贷规模、自身发展等多种因素的综合影响，商业银行对债券市场的投资需求可能有所下降，但仍将保持比较高的水平。随着保险公司销售渠道的拓宽，近年来保费收入增速开始上升，预计 2010 年保险公司的可用资金规模将会增加，且对债券资产的配置比例也将提高。此外，随着债券收益率上升、新的基金发行机制实施等效用显现，基金对债券市场的投资额较上年也将较大幅度地增加。2010 年，保险公司和基金对债券需求的增加，将使债券市场资金结构趋于均衡，债券市场的竞争也会有所增强。

（三）债券品种有望更加丰富

2010 年债券市场发展既面临着机遇，也面临着新的挑战，贯彻落实科学发展观，抓

住机遇发展债券市场，关键在于客观分析市场的内在需求，找准市场发展的切入点，进一步推动债券市场创新，继续发挥债券市场保证国家宏观经济政策实施、推动金融体制深化改革、加大金融支持经济发展力度的积极作用。进一步拓宽企业融资渠道，继续推动非金融企业债务融资工具创新，在现有债务融资工具的基础上，继续推动中小企业短期融资券、集合中期票据的发行，研究中小企业发行可转换债务融资工具的可行性，研究并推动企业发行资产支持票据。债券市场交易品种也将进一步多元化，投资者资产管理、流动性管理的手段将更加灵活多样。

（四）市场监测和管理工作将进一步完善

2010年，债券市场与衍生产品交易的日常监测和管理将进一步加强，全国银行间同业拆借中心和中央国债登记结算公司的一线监测职能将进一步强化，银行间市场交易商协会自律管理的作用也将继续得到充分发挥，沟通反馈协调机制得以进一步完善，市场监管与市场自律管理将进一步有效连接。

专题二 中小非金融企业集合票据

发行中小非金融企业集合票据是中国人民银行、银行间市场交易商协会落实国务院《关于进一步促进中小企业发展的若干意见》文件精神的重要举措，是解决中小企业融资难问题、拓宽中小企业直接债务融资渠道的一项创新，是中国银行间市场交易商协会继短期融资券和中期票据之后，又成功开发出的一个新的债券产品。中小非金融企业集合票据的成功发行，标志着我国在解决中小企业融资难、拓宽中小企业融资渠道的问题上又迈出了重要的一步。

一、中小非金融企业集合票据正式推出

银行间债券市场中小非金融企业集合票据是指2个（含）以上、10个（含）以下具有法人资格的中小非金融企业，在银行间债券市场以统一产品设计、统一券种冠名、统一信用增进、统一发行注册方式共同发行的，约定在一定期限还本付息的债务融资工具。

近年来，随着国家不断出台支持中小企业发展的相关政策，中小企业的生产经营环境得到逐步改善，发展势头良好，在繁荣经济、增加就业、稳定社会、推动技术创新和催生新产业中发挥着巨大的作用，已成为推动社会生产力发展和经济增长的重要力量。但是，由于中小企业大多资产规模较小，收益不稳定，抗风险能力差，信用等级低，缺乏合格抵押担保品，中小企业获得银行贷款难，通过资本市场直接融资更难。融资难问题，特别是长期资金融资难问题，一直是中小企业发展的重要“瓶颈”之一。党中央、国务院和各级行政部门以及金融机构前

后推出一系列解决中小企业融资难问题的政策和措施，对解决中小企业融资难问题作出了积极的努力并取得了较大的成果，但当前国内的金融市场对于中小企业的服务与支持作用仍然有限，破解中小企业融资难问题是摆在我国金融服务业面前的重大课题。金融危机爆发以后，党中央、国务院果断决策出台了一系列经济刺激计划，并从保增长、保民生、保就业的战略高度出发，要求进一步加大对中小企业和“三农”的扶持力度。

为落实党中央、国务院关于支持中小企业发展，解决中小企业融资难的一系列方针政策，根据人民银行的总体工作部署，2009年年初，中国银行间市场交易商协会结合经济发展和市场运行情况，组织有关专家对发展中小企业直接债务融资问题进行研究，并在充分调研和总结中小非金融企业短期融资券试点工作的基础上，确定中小非金融企业集合票据产品创新作为探索解决中小企业融资难问题的突破口。9月，旨在为中小企业直接融资提供信用增进服务的中债信用增进投资公司成立，使更多中小企业进入银行间债券市场利用直接债务融资工具融资成为可能。11月12日，《银行间债券市场中小非金融企业集合票据业务指引》正式发布，我国中小非金融企业集合票据创新工作正式进入实质性操作阶段。11月13日，经中国银行间市场交易商协会注册的北京市顺义区、山东省诸城市、山东省寿光市等地的23家中小非金融企业的三期集合票据产品正式上线，并于11月23日成功发行。这三期票据为发行企业在技术改造、产品更新换代及扩大规模等方面提供了资金支持，同时，为企业进一步发展提供了中长期资金支持。

二、中小非金融企业集合票据的创新

中小非金融企业集合票据是中国银行间市场交易商协会在充分调研市场需求，广泛征求市场成员意见的基础上形成的，体现了中国银行间市场交易商协会“集会员之智慧、急企业之所急”的不断开拓创新精神。此次中小非金融企业集合票据的成功发行，是中国银行间市场交易商协会继推出中小非金融企业短期融资券后，为缓解中小企业融资难、支持中小企业进行直接债务融资的又一创新，在产品结构、信用增进以及投资者保护机制方面都有较大的创新。

第一，首次为中小非金融企业直接债务融资量身定做了债务融资工具，实现了融资产品的创新。单一的中小非金融企业发行债券融资，存在着发行规模小、信用等级低、价格高以及二级市场流动性差等问题，中小非金融企业集合票据采用集合的方式把若干中小企业捆绑在一起，进行“统一产品设计、统一券种冠名、统一信用增进、统一发行注册”，是契合中小企业直接融资需求和市场化运作的创新产品，为中小企业融资提供了一个更高层次、更广阔的融资平台，使中小非金融企业直接融资上了一个新台阶，可以有效地缓解中小企业融资难问题。

第二，引入票据分层的增信方式，实现了产品结构的较大创新。中小非金融企业集合票据采用分层设计，引入信用增进机制进行部分外部信用增进，增信措施在提升债项评级、熨平各发行主体之间信用差异的同时，提高投资者对中小非金融企业集合票据的认可度，也为中小非金融企业集合票据产品结构的继续创新预留了空间。

第三，设置了严密的前置代偿安排，实现本息兑付环节的技术创新。通过发行人、信用增进机构和监管银行签订相关偿债账户资金监管协议，约定了比较严密的资金偿付安排。中债信用增进公司的代偿资金将最晚于付息日或兑付日前一日划入相关偿债账户，使得一旦一个或多个发行人出现违约，代偿资金能够前置到位，从而较为完善地保护投资者利益，使投资者避免遭受资金的时间价值损失。

三、推出中小非金融企业集合票据的意义

中小非金融企业集合票据的成功推出，充分发挥了行业自律组织在促进市场发展中的作用，有效地发挥了市场资源配置功能，对解决中小企业融资难、促进中小企业规范运作和发展、丰富银行间债券市场产品结构、促进金融市场的全面发展有着重要意义。

第一，有利于促进实体经济和国民经济快速发展，保持社会稳定。研究、解决中小企业融资难题，是一项长期的系统性工程。中小非金融企业集合票据的推出，是保持我国经济平稳较快发展和落实保增长、保民生、保稳定工作的具体举措，对支持实体经济发展、促进我国经济长远发展、推动技术进步、增加就业、保持社会稳定、促进我国经济平稳较快增长有着重要而深远的意义。

第二，有利于充分发挥银行间债券市场的资源配置功能，是缓解中小企业融资难的有益探索。中小非金融企业集合票据的推出，帮助中小企业顺利渡过了金融危机带来的融资困境，降低了中小企业的融资成本，缓解中小企业的融资难题，对于促进中小企业直接融资将起到决定性的作用。而且，对中小企业而言，在传统的银行贷款之外，又多了一种便捷的融资方式，可以尝试使用直接债务融资工具。对各金融机构而言，又增加了一条为广大中小企业服务的途径，解决长期困扰中小企业的融资难的问题有了新的突破口。

第三，有利于丰富银行间债券市场的发行主体和产品结构，促进债券市场的健康发展。经过十多年的发展，我国的银行间债券市场已经成为一个以合格机构投资者为主要参与者的有层次的市场体系，市场规模稳步增长。中小非金融企业集合票据，是中国银行间市场交易商协会继短期融资券和中期票据之后，成功开发出的又一个新的债券产品，对于丰富债券市场投资产品，建立多元化、多层次的债券市场结构，吸引并培养风险偏好型投资者，进一步做大、做强我国债券市场具有重要的作用。

第四，有利于促进中小企业经营管理水平和竞争力的提升，在规范运作中提高知名度。中小非金融企业通过发行集合票据进入资本市场，就要履行信息

披露的义务，接受投资者、金融中介机构、新闻媒体甚至全社会的监督，迫使管理层更加市场化地运作企业并形成自我约束机制，促进企业管理体制和运行机制的变革，提高企业整体的运营水平和核心竞争力，推动经营业务水平的提高，提升对投资者的吸引力。

第四章 股票市场

2009年，中国证券市场率先走出全球金融危机的阴影，在以4万亿元经济刺激计划为核心的积极的财政政策及适度宽松的货币政策的双重推动下，股票市场出现强劲反弹，股票总市值占GDP的比重出现大幅提升，流通市值占比也有所提高。随着创业板的成功推出，股票市场在多层次市场体系建设和创新制度建设方面取得了重大突破，市场融资功能进一步增强。上市公司充分体现了金融改革深化的结果，行业结构渐趋合理，地区结构与地区经济结构相适应；受市场行情的影响，投资者开户数量有所增加，基金类的机构投资者发展较快。展望2010年，我国资本市场将进一步完善价格发现功能，稳步推进股票市场衍生产品建设和股票市场开放，进一步推进多层次资本市场体系建设和完善上市公司治理体系。

一、股票市场运行的基本情况

（一）一级市场：发行规模大幅攀升

2009年1～12月，A股一级市场累计融资5 160.74亿元，较2008年同期增长46.75%。其中，首次公开发行（IPO）融资规模为2 021.97亿元，较2008年同期增长94.41%，占融资总额的39.18%，较上年增长9.6个百分点；再融资规模为3 185.38亿元，同比增长22.9%，其中，增发3 032.8亿元、配股105.97亿元、发行可转债46.61亿元，分别较2008年同期增长30.44%、减少30.1%、减少39.6%。

从月度变化情况看，融资规模逐月增多，融资呈现逐步回暖的态势。2月为全年低点，共筹集资金90.4亿元，仅占全年融资额的1.75%；12月为全年高点，共筹集资金1 183亿元，占全年融资额的22.9%；下半年共筹集资金4 127.9亿元，占全年融资额的80%。

（二）二级市场：指数上涨、交易活跃

截至2009年年末，沪、深两市共有上市公司1 718家，比2008年年末增加93家。股票总市值为24.39万亿元，较2008年年末增长100.99%，股票总市值占GDP的比重由上年年末的47.2%上升至86.74%。其中，股票流通市值为15.13万亿元，比2008年年末增加234.54%。

2009年，沪、深两市指数大幅上涨，上证综合指数与深证成份指数分别收于3 277.14点与13 699.97点，比年初分别上涨80%与111%。

2009年年末，沪市A股平均市盈率为28.7倍，较2008年年末上升93.63%；深市A股平均市盈率为46倍，较2008年年末上升168%。

2009年，沪、深两市股票成交量为5.08万亿股，成交金额为53.6万亿元，较2008年

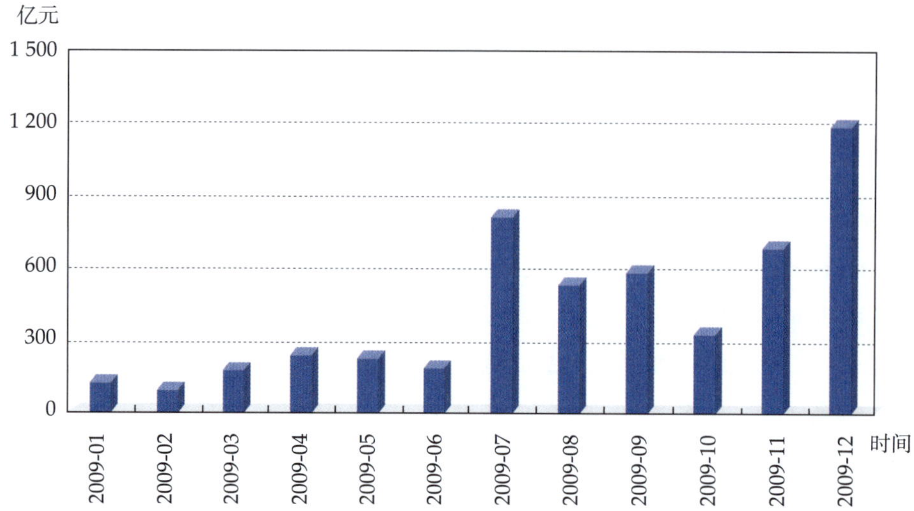

数据来源：中国证监会、Wind资讯。

图4-1 2009年各月A股市场融资情况

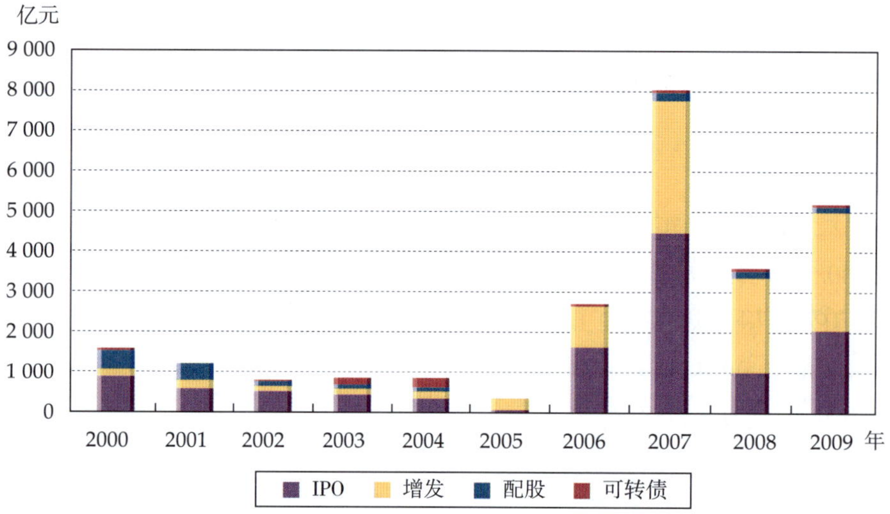

数据来源：中国证监会、Wind资讯。

图4-2 2000～2009年A股市场融资情况

增长100%，日均股票成交额为2 196.67亿元，同比增长101%；基金成交金额为7 685.07亿元，同比增长32%；权证交易金额为53 646.7亿元，较2008年下降23%，明显不及股票、基金的增长。

从月度变化看，股票市场交易在7月达70 721.5亿元，为A股历史上最大的月度成交量，日均成交金额达3 075亿元。除1月股票成交金额在2万亿元以下外，其他月份股票成交金额均超过3万亿元，月均成交额达4.45万亿元。

2009年，沪、深两市股票年平均换手率为1.24倍，较2008年微幅增长2.5%，其中3月换手率超过了3倍，月度平均换手率为

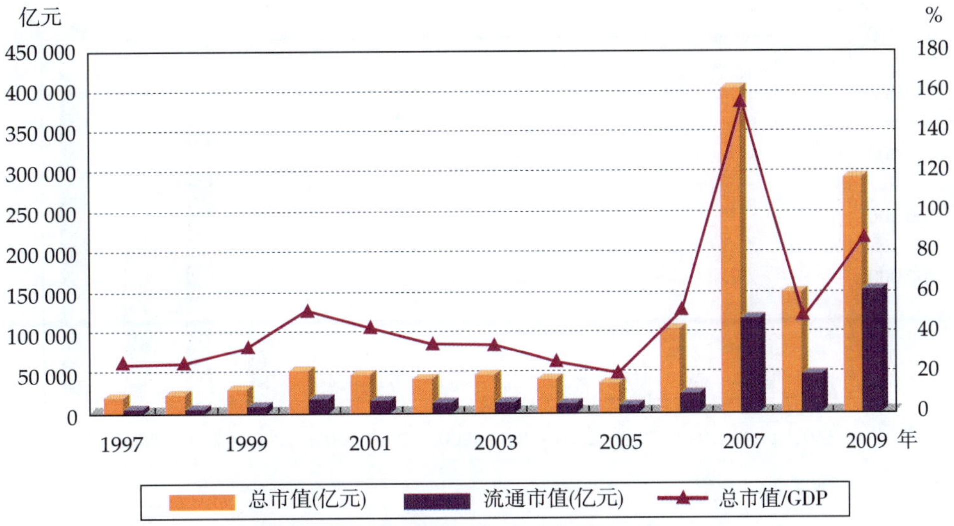

数据来源：中国证监会、国家统计局、申银万国证券研究所。

图4-3 1997～2009年股票市场规模变化

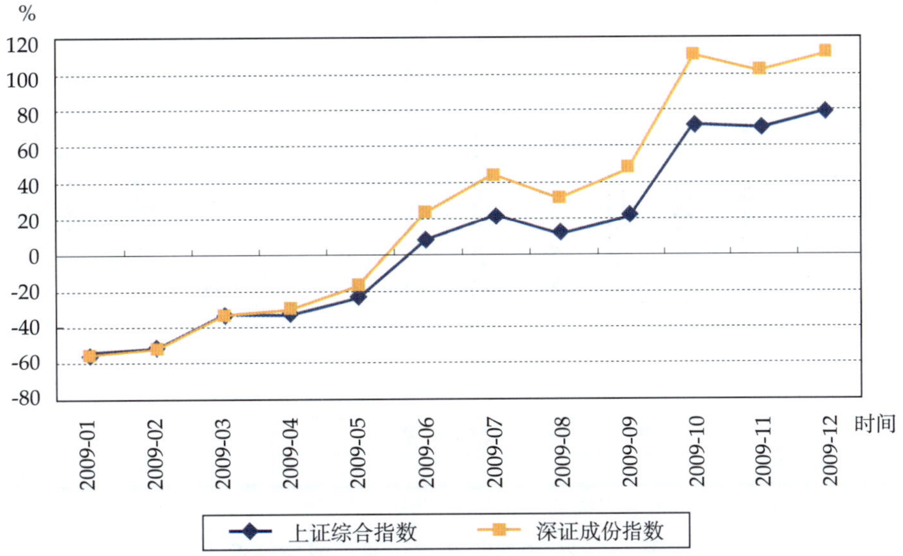

数据来源：CEIC、申银万国证券研究所。

图4-4 2009年沪、深两市指数走势图

2.065 倍。

截至 2009 年 12 月底，沪、深两市 A 股市场合计开户 1.378 亿户，与上年同期相比增加 13.70%；其中，个人户 1.373 亿户，证券公司 9.88 万户，基金 1.14 万户，社保基金 154 户，合格境外机构投资者(QFII)175 户。开户数上升主要受基于良好基本面支撑的市场行情的影响。2009 年 1～12 月新增开户 1.72 亿户，同比增加 20.70%；其中，证券公司新增开户 1 642 户，同比增加 462.33%；基金新增开户 244 户，同比增长 34.07%；社保基金新增开户 19 户，同比下降 52.50%；一般机构新

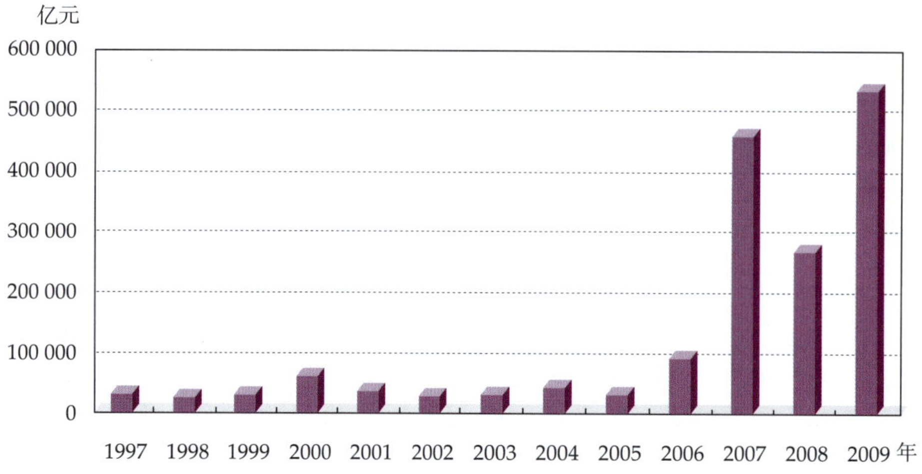

数据来源：中国证监会、Wind资讯。

图4-5 1997~2009年股票成交情况

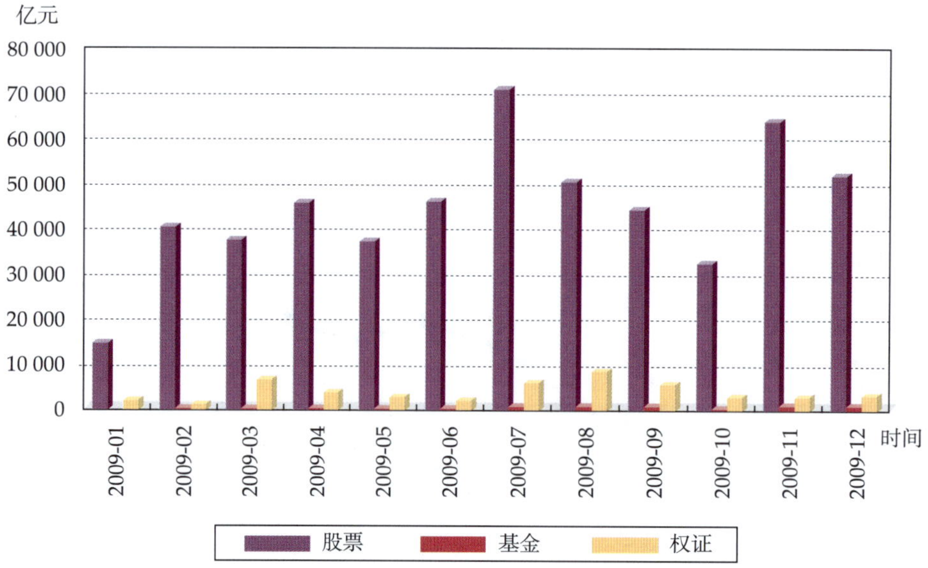

数据来源：中国证监会、Wind资讯、申银万国证券研究所。

图4-6 2009年股票市场月度成交情况

增开户63 925户，同比增加21.94%；QFII新增开户57户，同比增加216.67%；个人新增开户1.720亿户，同比增加20.69%。

二、我国股票市场运行特点

（一）股票总市值快速增长，融资工具结构与行业结构进一步优化

截至2009年年底，沪、深两市上市股票数为1 786只，总市值为24.39万亿元，同比大幅上升100.99%，占当年GDP的比重为72.74%，同比大幅增长75.87%。同比增速较快的主要原因有以下几个方面：一是我国经济仍保持了平稳较快增长，2009年GDP同比增长8.7%；二是世界经济尤其是我国宏观经济持续复苏的预期促进了股票市场的发展；三是欧美及我国周边国家和地区股票市场普遍向好，使得我国股票市场呈现出较为坚挺的态

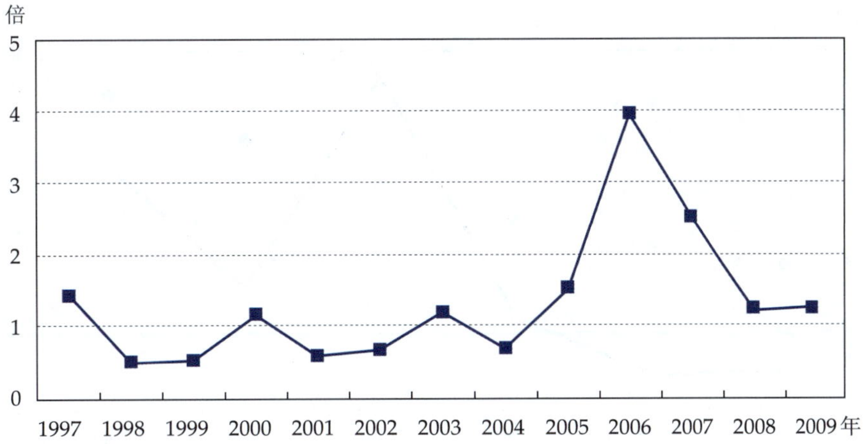

数据来源：Wind资讯、申银万国证券研究所。

图4-7 1997～2009年换手率变化情况

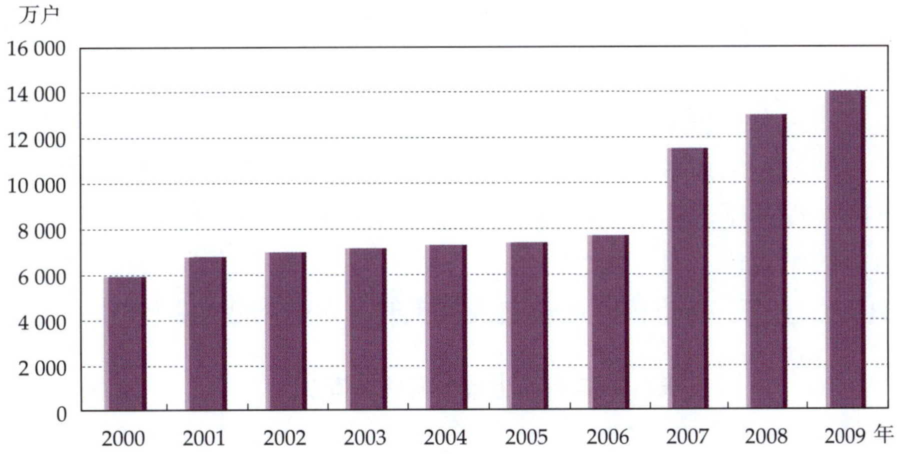

数据来源：中国证券登记结算有限责任公司。

图4-8 2000～2009年投资者账户数变化情况

势；四是由于受到国际金融危机的影响，2008年股票总市值有较大幅度的下降，基数相对较低。

从市场的融资结构来看，2009年主板的新发行股票集中在基础设施建设、重大装备制造、消费物流等领域，中小板和创业板则集中推荐了一大批IT、通讯、医药、新能源、自主创新设备等领域的优势企业上市，比较充分地体现了经济增长方式转型中的产业政策导向。2009年股票市场融资较2008年有了大幅增长，全年实现募集资金5 160.74亿元，较2008年同比增加46.75%。其中，IPO融资2 021.97亿元，同比增加94.41%；增发融资3 032.8亿元，同比增加30.44%；配股融资105.97亿元，同比减少30.1%。其中，创业板上市公司实际募集资金191.59亿元，占全年IPO实际融资额的9.5 %，占全年实际融资额的3.7%。

从行业市值占比的变动来看，资本市场提前预期了产业结构升级的方向。金融、保

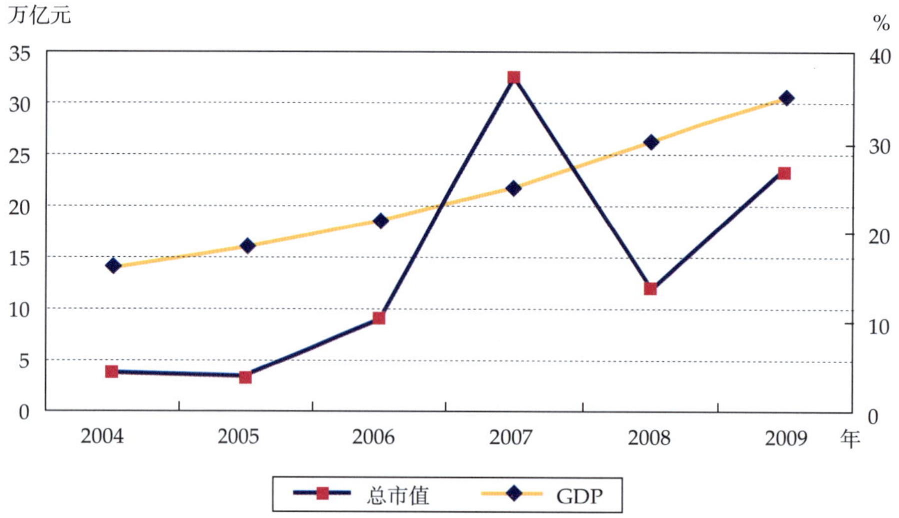

数据来源：Wind资讯、申银万国证券研究所。

图4-9 2004~2009年股票总市值与GDP的走势比较

险业和采掘业上市公司总市值的扩张速度远超过制造业，使得制造业上市公司总市值占比已有明显的下降，提高了上市公司行业结构与宏观产业结构的吻合度。其中金融、保险业类上市公司已达31家，总市值占比达到23.43%，成为目前总市值占比最高的行业之一。从金融、保险业类的上市公司内部结构来看，银行有14家，其总市值占比达到66.75%；而保险公司、证券公司和信托公司的上市公司规模则偏小。这种结构直接反

表4-1 各行业上市公司总市值占比

单位：%

行业名称	2004年年初总市值占比	2009年年末总市值占比
制造业	44.50	30.63
金融、保险业	4.91	23.43
采掘业	11.16	21.34
交通运输、仓储业	7.56	4.48
房地产业	3.36	4.32
电力、煤气及水的生产和供应业	9.80	3.22
信息技术业	6.29	3.17
批发零售贸易业	3.10	2.76
建筑业	1.09	2.66
综合类	3.93	1.54
社会服务业	2.53	1.31
农、林、牧、渔业	1.18	0.71
传播与文化业	0.58	0.43

数据来源：Wind资讯、申银万国证券研究所。

映了以间接融资为主的融资体系，也是需要改进的方向之一。

此外，上市公司的地区结构也与中国各地区的经济发展结构相适应。从地区结构看，上市公司数量最多的地区是上海，共有160家；浙江、江苏、北京、深圳和广东五个地区的上市公司也都超过了100家。从过去5年的对比中可见，浙江是上市公司数量增长最快的省份。总体而言，经济发展较快的地区上市公司的数量也较多。

（二）流通股占比稳步提升，中小企业板块仍保持了较快发展

始于2005年的股权分置改革到2007年基本完成。自2007年年初以来，流通股数量和流通市值占比稳步提升。随着“大小非”的到期流通，进入2009年之后，流通股数量和股票流通市值有了进一步的提高。截至2009

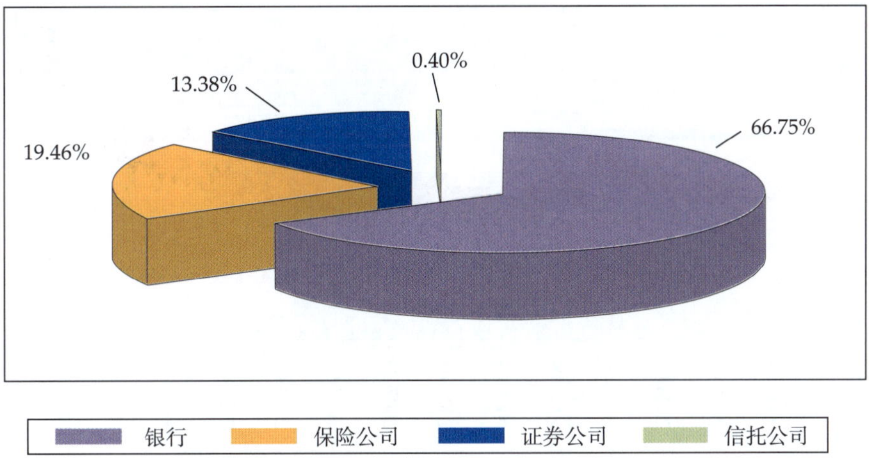

数据来源：Wind资讯、申银万国证券研究所。

图4-10 金融、保险业上市公司的结构

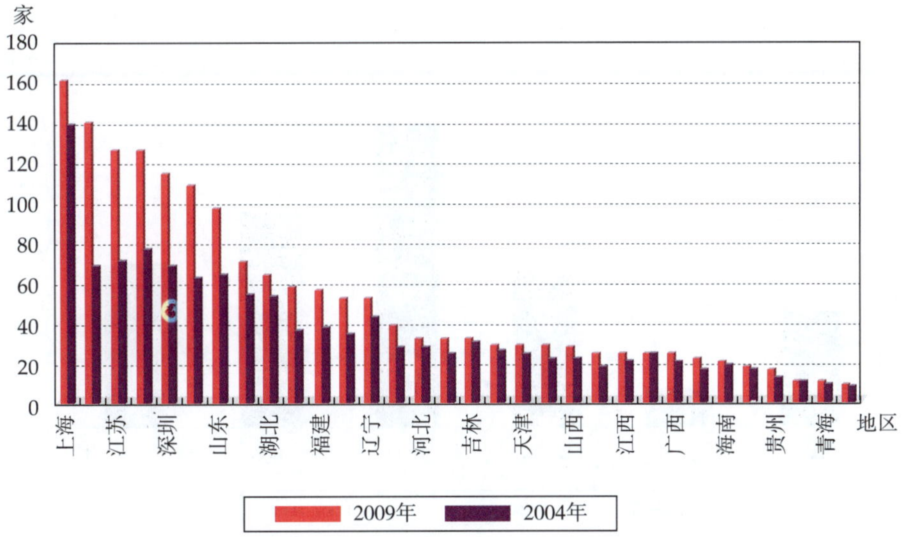

数据来源：Wind资讯、申银万国证券研究所。

图4-11 上市公司的地区结构变化

年年末，股票流通市值达到15.13万亿元，较上年同期增加了234.54%；2009年年末的股票流通市值占总市值的62.01%，较2008年年末提高了24.76个百分点。

2009年新上市中小公司54家，占当前全部中小板上市公司数量的16.51%。截至2009年年底，中小板市场股票共计327只，总市值达到16 872.56亿元，占沪、深两市总市值的6.92%。中小板块和创业板的股价涨幅也远远超过大盘股，成为2009年市场交易中的一大特点。

（三）多层次资本市场体系建设取得重大进展

作为2009年我国股票市场制度的重大创新，创业板的推出进一步完善了我国的多层次资本市场体系，作为证券市场基础的融资功能也有所增强。截至2009年年底，创业板

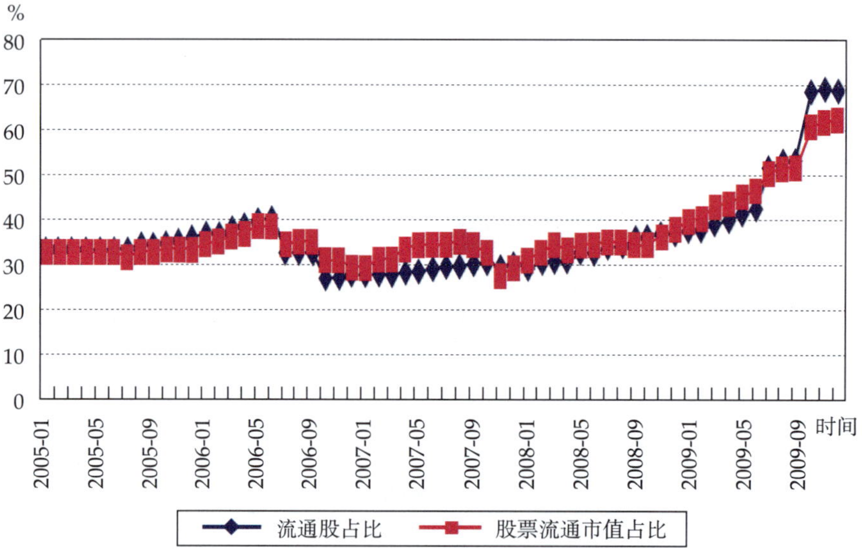

数据来源：中国证监会、申银万国证券研究所。

图4-12 流通股和股票流通市值占比

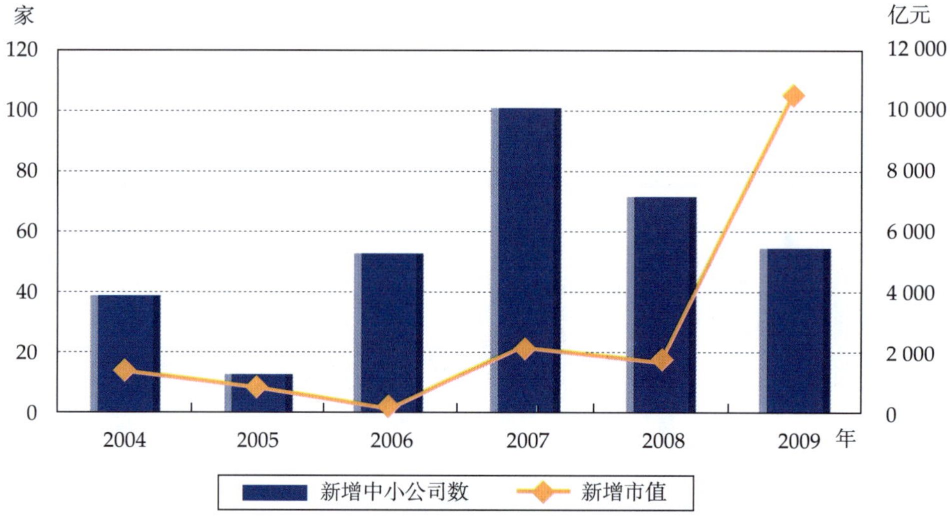

数据来源：Wind资讯、申银万国证券研究所。

图4-13 中小板市场发展情况

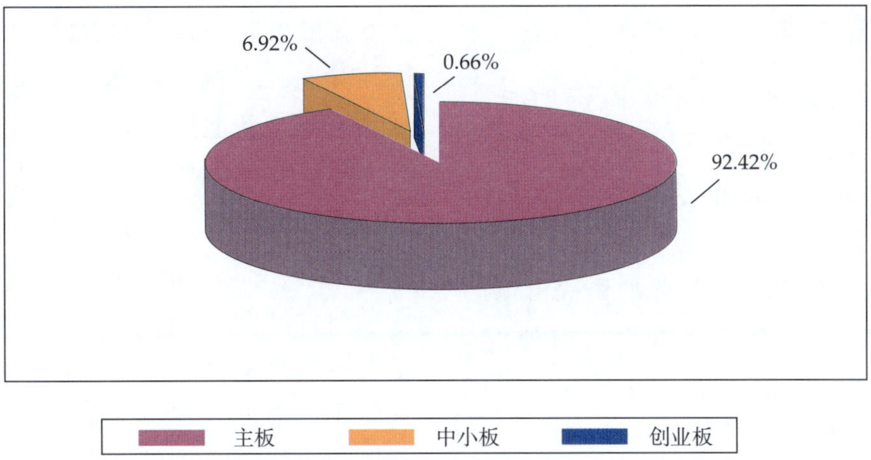

数据来源：Wind资讯、申银万国证券研究所。

图4–14 主板、中小板和创业板的市值占比

共有36家上市公司，总市值达到1 610.08亿元，占中小板总市值的9.52%，占沪、深两市总市值的0.66%，多层次资本市场体系建设取得重大进展。

三、股票市场制度建设和基础设施建设

（一）创业板正式推出

针对我国资本市场体系比较单一的现状，中央历来比较关注，并将建立多层次资本市场体系提高到国家战略的高度。在党的十七大报告中，明确要优化资本市场结构、多渠道提高直接融资比重，为中国资本市场今后发展指明了方向。2008年12月，国务院《关于当前金融促进经济发展的若干意见》提出“适时推出创业板”；随后在2009年1月15日闭幕的全国证券期货监管工作会议上，更是明确提出推出创业板是当年监管工作的重点。2009年3月31日，中国证监会发布《首次公开发行股票并在创业板上市管理暂行办法》，标志着创业板的推出正式启动。随着2009年第二季度相关法规的密集出台，2009年10月23日，中国证监会宣布我国创业板正式开板；10月30日，创业板开市，首批28家公司同时在深圳证券交易所挂牌交易，标志着创业板终于实质性启动。

创业板市场的推出不仅完善了我国多层次资本市场体系，对于实施自主创新的国家战略、促进产业升级和国民经济结构调整都具有十分重要的意义。尤其是在2009年保增长基本无虞，扩消费、调结构成为2010年政策主基调的形势下，创业板市场的推出本身也成为了政策的具体内容之一。首先，创业板市场将通过为创新型、民营中小企业提供直接融资渠道和风险分担机制，加速新兴产业的快速发展，使之成为危机之后新的增长点；其次，由于创业板能为风险投资、产业基金等战略投资者提供通畅的退出渠道，进而推动股权投资基金的发展和资本体系的完善，这种特有的示范、带动、引导效应是其他要素市场无可比拟的；最后，创业板所蕴涵的财富效应有利于拉动民间投资和居民消费，从而有利于我国经济发展结构的调整。

（二）推进新股发行体制改革

为了更好地发挥证券市场的融资功能，我国的新股发行制度自建立以来经历了数次大大小小的改革。如在发行方式方面，2000年至2005年，我国的发行方式进行了多样化的尝试，既有百分之百的资金申购或市值配售的方式，有资金申购与市值配售相结合的方式，也有资金网上申购与网下法人配售相结合的方式，期间还穿插了国有股股份存量发行的方式，但一直坚持了市场化的改革方向。

2004年年底，在新股发行环节开始引入新股询价制度，其初衷是通过规范化的推介询价程序，由发行人及其保荐机构与投资者协商确定发行价格，使基金等机构投资者参与到定价过程中来，以期减少发行定价的主观性和随意性。但自询价制度实施以来，新股发行定价仍然存在一些问题：一是询价环节流于形式，发行市盈率居高不下；二是获中国证监会认可的6类询价机构可以同时参与同一新股的网上网下申购，并且所能获得的配售获中签的新股量由资金量的大小决定，这对一般的公众投资者而言并不公平。

鉴于询价制度存在一定的不足，经向社会征求意见后，中国证监会于2009年6月10日正式发布《关于进一步改革和完善新股发行体制的指导意见》，提出新股发行体制改革采取分步实施、逐步完善的方式分阶段推出。现阶段的改革措施包括：主承销商控制询价和申购报价并设置每笔最低申购量，网下、网上申购参与对象分开，对网上单个申购账户设定上限，加强新股认购风险提示。对存量发售问题则需要继续进行深入研究，待市场条件成熟时再择机推出。

此次新股发行体制的改革，是在既定的整个新股发行体制大框架下的一次局部性改革。首先，新股发行体制改革的指导意见主要是给未来新股发行体制进一步改革和尝试确定了具体的原则和方向。此次新股发行体制改革的原则之一是促进新股定价进一步市场化，其途径是强化各参与对象的约束力，改变不合理的“圈钱”行为，让市场上各参与主体真正负起责任，形成各市场主体之间的博弈，有利于减少新股上市的价格泡沫，遏制爆炒新股行为的发生。其次，该指导意见提出对网上单个申购账户设定上限，原则上不超过本次网上发行股数的千分之一，体现出维护中小投资者利益的改革思路，使中小投资者有更大的机会申购成功，防止申购新股沦为大资金的游戏。最后，揭示“破发”风险。目前，我国新股网上申购基本仍属于无风险的投资，但是，如果未来我国新股收益与海外接轨，尤其是在存在非全流通定价、杜绝“低报高买”的情况下，则我国IPO的申购将改变无风险的现状，存在“破发”风险。市场化是新股发行体制改革的核心，未来改革的空间还很大。

（三）实施国有股转持社保基金

2009年6月19日，国务院公布《境内证券市场转持部分国有股充实全国社会保障基金实施办法》（以下简称《办法》），决定在境内证券市场实施国有股减持。《办法》规定，股权分置改革新老划断后，凡在境内证券市场首次公开发行股票并上市的含国有股的股份有限公司，除国务院另有规定的，均须按首次公开发行时实际发行股份数量的10%，将股份有限公司的部分国有股转由全国社会保障基金理事会持有。全国社会保障基金理事会对转持股份承继原国有股股东的禁售期义务，对股权分置改革新老划断至

《办法》颁布前首次公开发行股票并上市的股份有限公司转持的股份，在承继原有股东的法定和自愿承诺禁售期基础上，再将禁售期延长三年。截至2009年3月26日，股权分置改革新老划断后首次公开发行股票并上市的含国有股公司共131家，涉及国有股股东826家，应转持股份约83.94亿股，发行市值约639.33亿元。

关于划转部分国有股充实社保基金的方案，从2000年社保基金成立时就已开始考虑。2001年6月开始实施的最初方案是进行国有股减持，即国有企业或国有控股企业在首次公开发行股票和再融资时，把相当于公开发行股票数量10%的原国有股股份与新发行股票同时售出，所得资金上缴社保基金。这一做法在当年引起A股市场持续4个月下跌，幅度超过30%，最终于2001年10月被叫停。本次公布的《办法》采用“转持”而非“减持”国有股来充实社保基金的举动，与当年完全不同：一方面，这次以划转来代替减持；另一方面，股权分置问题已基本妥善解决，非流通股被限售股代替，限售股最终可以流通的预期已十分明确。因此，原先的流通和减持一步走变成现在的先流通后减持分两步走，效果明显不同。划转至社保基金的国有股只有在持有到期后才可以在二级市场上转让，不会即时增加当前市场的供给压力。

更为重要的是，《办法》的推出是完善养老体制建设的一项重要行动，过去社保基金的资金来源主要是财政划拨和国有企业境外上市获得的国有股转持收入。2003年十六届三中全会以文件的形式明确“采取多种方式包括依法划转部分国有资产充实社会保障基金”，无论是从社保基金资金来源的多样化角度，还是从对所有上市国有企业公平性的角度出发，国有企业境内上市要将10%的股份划转社保基金都是势在必行。本次境内上市的国有股部分划转至社保基金，将使其获得进一步充实。同时，根据《办法》的规定，对于划转股份，社保基金以发行价入账，因此，未来社保基金出售这部分股份时将可获得较高的投资收益。养老资金的充实有利于未来养老机制的完善，社保保障水平的提升必然改变居民的消费预期和消费行为。这对于扩大内需、提升消费而言，具有十分重要的意义。

四、股票市场发展展望

（一）进一步完善股票市场价格发现功能

单边市是中国证券市场长期存在的一大制度性缺陷。我国证券市场属于典型的单边市，只能做多，不能做空。投资者获取收益主要是通过先买进股票再卖出股票的方式获取价差收益。而一旦市场出现危机时，因为缺乏风险对冲机制，往往出现连续的“跳水”，股价下跌失去控制。因此，即使在实行涨跌幅限制的情况下，我国股市的波动仍然高于海外主要市场。股价的过度波动使得股票价格难以合理反映上市公司价值，扰乱了股票市场的资源配置功能，需要进一步完善机制。从现货市场来看，融资融券的推出将建立我国的信用交易制度，完善股票市场的价格形成机制，将是近年来继股权分置改革之后的又一大制度性变革。

经过多年的探索，2010年1月8日，中国证监会正式宣布国务院已原则同意开展证券公司融资融券业务试点，并在随后召开的证券期货监管工作会议上表示，将适时推出融资融券。融资融券的推出将成为2010年市场创新的一大亮点。

首先，证券融资融券交易对于增加股市流通性和交易活跃性有着明显的作用。对于市场中的存量资金而言，融资融券业务无疑有效地提高了其流动性，提高了资金的使用效率。美国和日本的证券信用贷款规模一般低于证券市值的2%，但是信用交易规模占证券交易金额的比重达到16%～20%。台湾地区证券融资融券交易的规模占总交易量的比例高达40%。

其次，融资融券这种信用交易有助于完善股价形成机制。欧、美等资本市场成熟国家的发展经历证明，融资融券者往往也是市场中最为活跃的交易者，对市场机会的把握，对信息的快速反应，以及对股价的合理定位都有非常好的促进作用。融资融券者成为现实价格发行功能的主要推动力量。

最后，融资融券对市场波动起着“市场缓冲器”的作用。由于各种证券的供给有确定的数量，其本身没有替代品，如果证券市场仅限于现货交易，那么证券市场将呈现单方向运行。融资融券的推出不仅为投资者提供了一种规避市场风险的工具和新的交易方式，而且有助于改善证券市场“单边市”的状况。这种交易作为一种双向交易工具，使市场中多方和空方的博弈更加均衡，有利于股票价格趋于合理，使市场建立一个内在的稳定机制。

（二）稳步推进股票市场衍生产品建设

尽管美国次贷危机的爆发源于过度的金融创新，深刻的教训值得借鉴。但是，我们不能因为创新会伴随着风险而因噎废食，停止创新。当前，中国证券市场并不存在创新过度的问题，而是存在创新不足的问题。正因为如此，中国证券市场特别需要基本的产品创新工具和业务创新，如期货、期权、权证等。2010年1月8日，中国证监会正式宣布国务院已原则同意推出股指期货品种。股指期货的推出将成为2010年证券市场制度建设的又一重点，将把2010年中国证券市场推向一个创新年。

首先，股指期货作为一种有效的避险工具和具有杠杆效应的投资工具，其推出将对投资策略产生全方位的影响。不同于以往单一的盈利模式，投资者利用股指期货可以规避市场波动获得收益，股指期货为投资者在下跌中获取收益提供了交易策略。而在这些影响中，机构投资者的结构可能发生重大变化，利用期货、期权等衍生金融工具及买空卖空、风险对冲的投资策略，充分利用衍生工具的杠杆效应，追求高风险下的绝对投资回报的对冲基金将可能迅速崛起，这将是未来几年我国投资者结构的一个重大变化。

其次，股指期货的推出也为基金业提供新的发展契机。基金公司可以有效地利用股指期货进行套利和对冲，规避市场风险，丰富投资组合，促进基金产品的创新设计。股指期货的推出将极大地促进指数基金等创新型基金的发展。股指期货推出后，社保基金、保险资金和企业年金等可进入我国股票市场的资金规模也将会空前扩大。

最后，股指期货的推出将衍生出丰富的金融产品。股指期货推出后，将出现更多的以绝对收益为目标的金融产品，金融产品将更加多样化：一是股指期货为设计追求绝对收益的金融产品提供了工具；二是股指期货为发展场外期权提供便利，因为如果有低成本的现货对冲工具，投资者就可以复制期权，为发展场外期权提供便利；三是股指期货为复制指数提供了新工具。

（三）稳步推进股票市场的开放

允许境外企业在国内发行上市，进行融资活动，是证券市场不断开放的内容之一。随着我国经济实力的增强，无论是人民币国际化还是上海要建成国际金融中心，都需要我国拥有一个国际化程度较高的证券市场。

2009年4月29日，在国务院发布的《关于推进上海加快发展现代服务业和先进制造业建设国际金融中心和国际航运中心的意见》中，明确提出要“稳步推进境外企业在境内发行人民币债券，适时启动符合条件的境外企业发行人民币股票”。随后5月11日，上海市政府在对外发布的《贯彻国务院关于推进“两个中心”建设实施意见》中表示，积极支持上海证券交易所国际板建设，适时启动符合条件的境外企业在上海证券交易所上市，推进红筹企业在上海证券市场发行A股。在2010年1月召开的证券期货监管工作会议上，中国证监会也明确提出了要“探索境外企业在境内发行上市的制度安排”，这意味着“国际板”已提上议事日程。

此外，为了应对全球金融危机下的严峻局面，香港特别行政区政府提升了与内地合作的深度和广度，《内地与香港关于建立更紧密经贸关系的安排》补充协议六（以下简称CEPA6）于2009年5月9日签署，以扩展香港经济腹地，增强经济竞争力和活力。这将进一步加深上海证券交易所与香港证券交易所的合作，也将进一步推动国际板建设的步伐。目前，境外企业到境内上市还存在一定的法律、法规障碍，有待进一步研究和突破，但相关动作预计会有所加快。

国际板的建立对我国资本市场以及国际金融中心的建设具有积极的意义。首先，外资企业来国内上市，激烈的竞争有利于国内企业学习国外先进的技术、管理经验和公司治理经验，快速提高自身的竞争力；其次，有利于我国证券市场加快同国际接轨，使得我国监管部门、证券公司、中介机构甚至上市公司熟悉国际资本市场的运作方式，以此来促进国内证券市场的规范化发展，推动我国证券市场的国际化进程；再次，也将为我国投资者进一步拓宽投资渠道，优化资源配置，分享全球化收益提供机会，并进一步改善市场的价值投资理念；最后，国际板的设立可以助推上海国际金融中心建设，因为上海要想成为全球化的金融中心，一个国际性的资本市场必不可少，设立国际板是上海建设国际金融中心的必然要求。

（四）进一步推进多层次资本市场体系建设

创业板的推出使我国在向多层次资本市场的发展进程中迈了一大步。2010年，多层次资本市场体系建设仍然将是不断推进的一项制度建设，其重点将主要围绕以下两个方面：

1．择机扩大代办股份转让系统试点范围。北京中关村非上市股份公司代办股份报价转让系统试点2006年运行，三年来，取得了一定的成果：一是为园区非上市股份公司提供了有序的股份转让服务平台，方便了创业资本退出，有利于在园区非上市股份公司建立现代企业制度；二是探索了统一监管下的股份转让制度，初步建立了非上市股份公司进行股份转让的监管制度安排和基本运行模式，拓展了代办股份转让系统的功能，为探索建立统一监管下的全国性场外市场积累了经验。目前，在全球金融危机的阴霾下，解决中小企业融资难的问题显得更为迫切，鉴于试点取得的成就和经验，我们认为2010年有望将代办股份转让系统试点范围扩大到其他高科技园区，并向构建统一监管下的全国性场外交易市场迈进。

2. 积极探索建立区域性非上市公司股份转让市场。在国务院推进上海“两个中心”的建设意见中，提出了“研究探索推进上海服务‘长三角’地区非上市公众公司股份转让的有效途径”的要求。随后上海市政府发布了《市政府贯彻国务院关于推进上海加快发展现代服务业和先进制造业建设国际金融中心和国际航运中心的意见的实施意见》，明确了“探索建立以上海高新技术类股份有限公司股份为交易对象、以机构投资者为投资主体、由优质证券公司进行保荐的非上市公众公司股份转让市场”的目标。目前，上海已基本具备成立区域性非上市公司股权转让市场的条件。上海高科技园区的发展对上海三板市场的巨大需求，上海建设国际金融中心金融创新先行先试的权力，以及近几年来包括具有第三板证券市场性质的产权交易市场的迅速发展，为非上市公司股份转让市场在上海建立和发展奠定了良好的基础。

（五）进一步完善上市公司治理体系

高质量的上市公司离不开有效的公司治理。实践表明，完善公司治理机制不仅在提高上市公司质量的系统工程中处于中心环节，同时也构成了整个资本市场有效运行的重要微观基础。近年来，随着《国务院关于推进资本市场改革开放和稳定发展的若干意见》、《国务院批转证监会关于提高上市公司质量的意见的通知》等重要政策的出台和落实，在监管部门的大力推动下，我国上市公司的整体质量稳步提高。进入2010年，上市公司治理的法规体系将有望得到进一步的梳理和完善。

一方面，中国证监会将修订《上市公司治理准则》。《上市公司治理准则》于2002年1月正式发布，对推动上市公司建立和完善现代企业制度、规范上市公司运作、促进我国证券市场健康发展起到了积极的作用。随后《上市公司章程指引》、《上市公司股东大会规则》等基础性制度相继推出，构成我国上市公司治理的基本法规框架。时隔8年，我国资本市场已发生了巨大的、积极的变化，《上市公司治理准则》有必要加以修订，尤其是中国证监会2005年开始实施的股权分置改革、清理控股股东违规占用上市公司资金的清欠工作，使上市公司的治理环境大大改善，推动上市公司治理工作进一步向纵深发展。中国证监会于2007年开展的加强上市公司治理专项活动也为完善上市公司治理监管积累了宝贵的经验。

另一方面，中国证监会将推动出台《上市公司监督管理条例》。2007年9月，国务院法制办已就《上市公司监督管理条例》公开征求意见，待进一步成熟后将正式发布。《上市公司监督管理条例》将针对我国上市公司监管工作中存在的突出问题进行具体规定，包括完善上市公司的治理结构，提高上市公司的规范运作水平；规范上市公司控股股东和实际控制人的行为；强化上市公司的董事、监事、高级管理人员的诚信义务和法律责任；规范关联交易行为；调整和完善上市公司再融资的相关制度；提高上市公司的透明度，增强信息披露的有效性；强化监管协作，构建综合监管体系等。《上市公司监督管理条例》将是从国务院层面颁布的法规，它的颁布将进一步完善现有的上市公司监管法规体系。

专题三 创业板与我国发展创新型经济、经济结构调整的关系研究

在2008年下半年爆发的全球金融危机中，我国采取以保增长、促就业为目标的措施效果十分明显；但从长期看，我国经济结构失衡的局面仍然没有得到有效改善，投资和消费之间的不平衡、传统产业与新兴产业结构之间的不平衡、政府投资与民间投资之间的不平衡仍然存在，而这些将可能影响我国经济的可持续发展。因此，当前在保增长已基本无虞的形势下，扩内需、调结构将成为今后努力的目标。在此背景下，作为多层次资本市场中重要一环的创业板市场于2009年10月30日正式开市。它的推出对贯彻自主创新的国家战略、转变经济增长方式、促进经济结构调整和产业升级等具有十分重要的作用。

一、有助于推进创新型经济的发展

（一）创新型企业更适合权益性融资

根据创新过程中的资金收益图（见

表4-2 创业板推出大事记

时间	事 件
2008年12月8日	国务院办公厅下发关于当前金融促进经济发展的若干意见。提出了适时推出创业板的要求
2009年1月15日	中国证监会主席尚福林在全国证券期货监管工作会议上明确指出，今年将推出创业板
2009年3月31日	中国证监会发布《首次公开发行股票并在创业板上市管理暂行办法》，该办法自5月1日起实施
2009年4月16日	中国证监会就创业板发行审核委员会及保荐办法征求意见
2009年5月1日	《首次公开发行股票并在创业板上市管理暂行办法》正式生效实施
2009年5月14日	中国证监会正式发布了专门为创业板推出而修订的《中国证券监督管理委员会发行审核委员会办法》和《证券发行上市保荐业务管理办法》，这两个文件从6月14日起施行
2009年6月5日	深圳证券交易所正式发布《深圳证券交易所创业板股票上市规则》，并从7月1日起施行
2009年6月8日	中国证监会就创业板投资者管理暂行规定征求意见
2009年7月1日	中国证监会正式发布了《创业板市场投资者适当性管理暂行规定》。同时，深圳证券交易所和中国证券业协会发布分别配套规则——《深圳交易所创业板市场投资者适当性管理实施办法》和《创业板市场投资风险揭示书（必备条款）》,并都将自7月15日起正式实施
2009年7月3日	中国证监会分别对《创业板公司招股说明书》和《首次公开发行股票并在创业板上市申请文件》公开征求意见
2009年7月15日	创业板筹备基本就绪，今起受理开户申请
2009年7月17日	第一届创业板发行审核委员会委员候选人名单出炉
2009年7月20日	中国证监会自7月26日起受理创业板发行上市申请
2009年9月24日	深圳证券交易所发布了《关于创业板首次公开发行股票上市首日交易监控和风险控制的通知》
2009年9月24日	"青岛特锐德"等10家创业板首批企业披露招股意向书，并进行网上路演、初步询价和现场推介
2009年10月23日	创业板正式开板
2009年10月30日	创业板正式开市，首批28家上市公司上市交易

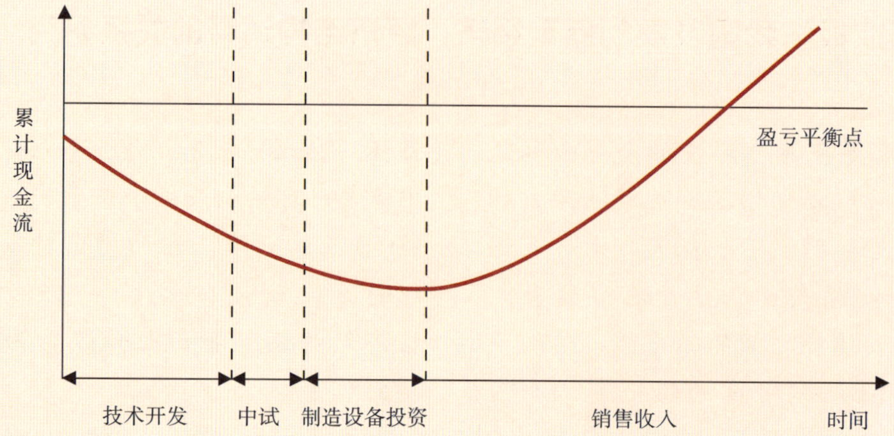

数据来源：王小兰、赵弘：《提升民营科技企业创新力》，北京，社会科学文献出版社，2005。

图4–15 技术创新过程中的资金收益图

图 4-15），企业技术创新的前期是创新资金的净投入期，利润几乎为零，但这一阶段需要不断地增加对创新企业的资金投入，以夯实其技术创新的基础，因此，资金投入直接决定了创新型企业的成败。

但对创新型企业，尤其是创新型中小企业而言，有形资产较少、现金流不稳定、破产风险较大使其并不适合进行债权融资。同时，中小企业的高成长性、创新性等，符合股权融资高风险、高收益的投资要求。因此，更加适合以股权融资方式支持创新型企业的发展，以解决其投资不足问题。

（二）创业板提供了创新型企业的融资渠道

国外的经验表明，根据创新型企业技术创新的特点，该类企业创新资金的主要来源是资本市场和风险投资。美国纳斯达克股票市场就为创新型企业提供了大量的融资支持，成为美国生物技术、IT 等新兴产业成长的摇篮，直接促进了硅谷科技产业带的形成和高科技产业的快速发展，成功地推动了美国经济的转型与发展。

我国由于政策环境、退出等市场机制相对不成熟，长期以来在主板市场上国有大中型企业更受市场青睐；2004 年推出的中小企业板市场也仍然沿用了主板市场的制度规则，更多面向的是发展较为成熟、经营较为稳定的中小企业，对大部分中小企业设立的门槛仍然较高。因此，更加需要建立一个专门面向创新型中小企业的融资平台——创业板。

我国创业板在对自主创新的推动上，首先表现为能够为创新型企业提供资金支持和风险分担机制。其次，创业板能够带动形成风险投资、信用担保、天使投资、产业基金等针对创新型企业的金融服务链，并为战略投资者提供更为通畅的退出渠道，进而推动股权投资基金的发展和资本体系的完善，这种特有的示范、带动、引导效应是其他要素市场无可比拟的。

（三）价格机制的形成助推创新型企业发展

价格发现功能是资本市场的基本功能之一，资本市场上的投资活动与其他活动的顺畅进行都有赖于有效的价格形成与发现机制。但在现实中，创新型企业普遍没有太多的设备、厂房以及原材料等有形资产，而主要依赖人才、技术以及其他不可轻易获取的资源等无形资产来进行经营，导致账面资产价值与企业的整体价值差别巨大，加上处于发展初期的企业的未来现金流并不稳定、破产风险大，进而导致依靠传统的资产评估方法和估值模型，难以完全反映这类企业的真实价值。因此，对创新型中小企业进行定价是十分困难的。定价机制的缺失或者价格形成的成本过大阻碍了对创新型企业的进一步资本运作，以达到优化资源配置的目的。同时，由于企业资产价值难以估计，银行对这类公司的担保资产价值大打折扣，影响了银行系统对中小企业的资金支持。

创业板则提供了一个平台，众多投资者在这个平台上进行信息交流，最终对企业的价格形成一致预期，促进对创新型企业的有效定价。因此，资本市场的定价机制或者企业价值评估机制有利于创新型企业的价值发现；同时，由于企业价值等信息都较透明，容易对公司价值形成共识，从而能够推动企业的再融资和兼并收购，优化资源配置。无论是企业通过融资、再融资进行内生式发展，还是通过兼并收购行为进行外延式扩张，都将有利于推动中小企业创新。这也是资本市场发达的国家或地区科技创新力量强大的重要原因。

二、有助于推动民营经济的发展

调查表明，我国民营企业中几乎全部是中小企业（2005年，中小企业数量占到了私营企业数量的99.96%）。自改革开放以来，我国中小企业发展迅速，已成为我国国民经济的重要组成部分。中小企业数量占全国企业总数的99%以上，对全国GDP的贡献率高达60%左右，提供了75%以上的城镇就业岗位，对税收的贡献超过50%，以中小企业为主的民营经济对国家经济的稳定和持续增长的作用不可或缺。

（一）创业板为民营经济提供融资平台

在我国，与中小企业对国民经济的贡献相矛盾的是，占全国企业总数99%以上的中小企业所占的贷款资源数量在全国企业所占贷款资源数量中的比例不到20%，其他融资方式几乎与中小企业无缘，以中小企业为主的民营经济长期以来遭受日益严重的金融抑制。

在直接融资方面，具有单一性的股票市场将大部分民营企业尤其是民营中小企业拒之门外。沪、深A股市场长期以来是国有大中型企业的天下；中小企业板则更多倾向于发展成熟的中小企业，绝大多数中小企业则被资本市场拒之门外，只能依赖内源和关系融资。据调查统计，在中小民营企业的主要资金来源中，内源融资平均占90.5%。由于股权分置改革前对非流通股股本的性质披露较为详细，因此，我们选择了截至股权分置改革前最后一个交易日（2005年4月29日）的数据对国有性质、民营性质的股本规模进行统计，发现非流通股股本中，国有股占比高达77.92%，占据了绝大部分。虽然2004年，深圳证券交易所在主板中推出中小企业板块，以促进面向中小企业的直接融资，但由于门槛较高，仍然很难解决中小企业直接融资难问题。

而债券市场对中小企业的开放则更晚，融资规模十分有限。2008年10月，首批中小企业短期融资券试点工作启动。但是，单一企业发债，仍然面临发行规模小、信用等级低、价格高、二级市场流动性差等问题。2009年11月12日，《银行间债券市场中小非金融企业集合票据业务指引》正式发布，我国中小企业集合票据创新工作正式进入实质性操作阶段，但由于起步较晚，融资规模还十分有限。

相对银行和主板市场对国有企业的青睐，创业板将是民营企业的舞台。创业板市场的推出将有助于缓解民营经济发展过程中的融资难题，有助于民营经济实现快速发展。

（二）促进民营经济资本流向创新型产业

国有企业尽管有创新的需求，但投资创新的动力和能力相对较弱，并不适

表4-3 股改前A股市场中国有非流通股的占比情况

	股本数（股）	占比（%）
总股本	717 045 951 577	100
流通股合计	259 743 448 197	36.22
流通A股	201 825 150 706	77.70
流通B股	16 512 512 025	6.36
流通H股	41 305 785 466	15.90
境外流通股	200 000 000	0.08
非流通股股本	457 302 503 380	63.78
国有股	356 926 161 756	78.05
国家股	175 472 230 151	49.16
国有法人股	181 453 931 605	50.84
境内法人股合计	88 649 437 612	19.39
境内发起人股	46 308 743 178	52.24
募集法人股	29 384 011 357	33.15
一般法人股	12 440 693 125	14.03
战略投资者持股	400 000 000	0.45
非上市外资股	7 592 921 768	1.66
内部职工股	589 661 102	0.13
自然人发起人股	3 525 421 142	0.77
优先股	18 900 000	0

数据来源：Wind资讯、申银万国证券研究所，数据截至2005年4月29日。

表4-4 创业板上市公司募集的资本额

单位：亿元

上市公司(简称)	募集资金	上市公司(简称)	募集资金
特锐德	7.79	爱尔眼科	8.82
神州泰岳	17.03	北陆药业	2.72
乐普医疗	11.40	网宿科技	5.13
南风股份	5.26	中元华电	4.89
探路者	3.22	硅宝科技	2.81
莱美药业	3.50	银江股份	3.62
汉威电子	3.74	大禹节水	2.25
上海佳豪	3.23	吉峰农机	3.80
安科生物	3.21	宝德股份	2.65
立思辰	4.46	机器人	5.76
鼎汉技术	4.68	华星创业	1.77
华测检测	5.09	红日药业	7.21
新宁物流	2.08	华谊兄弟	11.48
亿纬锂能	3.74	金亚科技	3.92
合计	145.26		

数据来源：Wind资讯。

宜进入创新型产业。一方面，根据“抓大放小、有进有退、有所为有所不为”的国有资产改革方针和原则，国有资本将更多地进入到公共产品、关乎国计民生的战略性行业，并逐步从一般竞争性行业中退出；另一方面，庞大的资产规模以及层层审批的管理、审核机制使其缺乏足够的市场敏感度和经营灵活性。创新产业面临失败的风险较大，并且属于竞争激烈的市场，因此，更适合具有经营灵活、创新动力强等特点的民营企业。从实践来看，当前我国民营企业的技术创新在国家技术创新体系中的地位和作用日益凸显。民营科技企业提供了全国51%的研发经费、70%的研发人员、60%以上的发明专利、70%以上的新产品开发，以及多数著名的产品品牌。民营科技企业已经成为我国自主创新的主力军。

创业板市场的推出为民营经济的发展提供了舞台，有利于其借助资本平台实现快速发展。同时，创业板面向的是创新型企业，通过资本配置的功能引导资金向创新型企业流动。因此，创业板有助于促进和引导民营经济的发展，并进一步引导民营资本流向创新型产业，推动创新型经济的发展。

三、有助于推进经济结构调整

创业板对促进经济结构调整的作用主要体现在三个方面：一是创业板有助于拉动民间投资，从而有利于改善我国的投资结构；二是创业板的财富效应有利于带动消费，从而有利于改善我国经济增长动力的结构；三是创业板有利于推动创新型产业的发展，从而有利于推动我国的产业结构升级。

（一）拉动民间投资改善投资结构

2009年，民间投资的增速低于政府投资的增速，财政资金及关联的土地和金融资源有相对集中于国有企业和政府项目的趋势。创业板的推出能增加民营企业的融资渠道，并能通过财富示范效应，促进民间投资的增长。

创业板的推出在一定程度上弥补了

表4-5 创业板前五大股东持有的股票市值

单位：亿元

	最小值	最大值	均值
第一大股东	1.75	34.07	6.983062154
第二大股东	0.74	21.82	3.643118812
第三大股东	0.27	21.17	2.251261197
第四大股东	0.25	17.53	1.524369386
第五大股东	0.02	8.99	0.99033877

数据来源：Wind资讯、申银万国证券研究所。

表4-6 创业板开市首日的平均涨幅

单位：%

上市公司(简称)	首日涨幅	上市公司(简称)	首日涨幅
特锐德	84.87	爱尔眼科	85.36
神州泰岳	77.41	北陆药业	99.33
乐普医疗	118.62	网宿科技	87.08
南风股份	75.84	中元华电	76.20
探路者	152.88	硅宝科技	96.87
莱美药业	116.97	银江股份	82.00
汉威电子	80.41	大禹节水	128.79
上海佳豪	82.77	吉峰农机	98.93
安科生物	194.59	宝德股份	84.08
立思辰	87.50	机器人	88.82
鼎汉技术	86.51	华星创业	128.89
华测检测	77.97	红日药业	77.50
新宁物流	106.41	华谊兄弟	147.76
亿纬锂能	140.44	金亚科技	209.73
平均涨幅	106.23		

数据来源：Wind资讯、申银万国证券研究所。

以往制度对民营经济、中小企业在融资支持尤其是直接融资支持方面的不足，打破了民营企业家与资本市场的隔离，从而可以让市场给予这些创业者足够的财富激励，将极大地促进民间资本进行投资。

（二）带动消费增长和改善经济增长动力结构

2009年，投资有较大幅度的增加，在促进率先实现经济形势总体回升向好的同时，也可能会加剧危机前就已存在的投资和消费的不平衡。因此，在2009年部署2010年工作的中央经济工作会议上，扩大内需、增加消费成为经济工作的重点之一。

增加消费的前提是增加消费者的收入，从美国纳斯达克股票市场的情况来看，由于高科技行业在纳斯达克股票市场中居于主导地位，因此，其中的行业和公司能够普遍获得市场给予的成长性溢价。从创立至今，美国纳斯达克股票市场获得了相对主板的110%左右的累计超额收益，期间更是在新经济时代达到了150%左右的峰值，投资者的长期价值投资获得了超过主板投资的超额回报，有效地增加了投资者的收入，从而促进消费。

我国的创业板开始运行后，无论是创业者通过股票一级市场获得的倍增的财富，还是投资者在二级市场上获得的投资收益，都能够增加国民的财富，形成财富效应，增加消费支出。可见，创业板对于扩大内需、拉动消费也有着一定的积极意义。

（三）推动创新型产业发展和改善产业结构

2009年增加的投资主要集中在传统行业，在当期可以形成对投资品的需求，拉

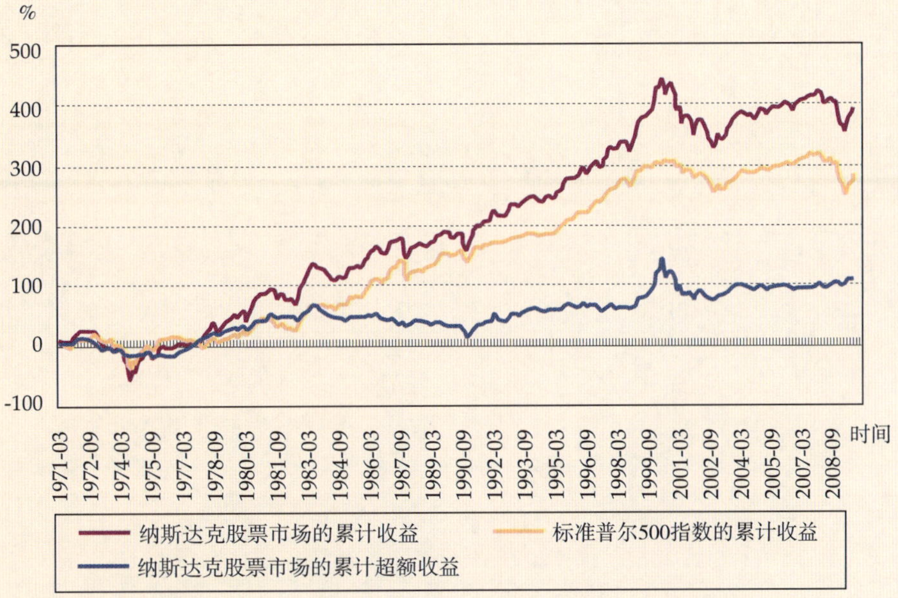

数据来源：Wind资讯、申银万国证券研究所。

图4-16 美国纳斯达克股票市场获得的超额收益

动经济增长，但可能加剧传统产业与新兴产业之间的失衡。因此，在后危机时代，扶持新兴产业、调整产业结构、培养新的经济增长点以提供积极的财政政策退出之后的经济增长动力，是2010年中国经济面临的一个现实问题，同时也是制定“十二五”规划时应重点考虑的问题。同时，历史经验表明，危机时期也是新兴产业的兴起时期，为此，在制定十大产业振兴规划之后，国家将出台政策重点扶持一些新兴行业。

关于战略性新兴产业的扶持，首先要解决两个问题：一是确定需要扶持的行业，二是确定扶持的手段与工具。对于第一个问题，根据2009年11月3日温家宝总理《让科技引领中国可持续发展》的讲话，新兴战略性产业的范围逐渐明朗，主要包括新能源和低碳经济、信息网络产业、新材料和职能绿色制造体系、生命科学技术、空间、海洋和地球深部资源利用等五大领域。对于第二个问题，国家为了让新兴产业发挥更大的作用，除了税收优惠、信贷支持外，还需要建立创业板等市场化的融资平台。目前，这些新兴产业正处于发展的初期阶段，直接的经济效益尚未显现，创业板通过筛选并吸收其中有发展潜力的公司上市，给予其资金、管理等方面的支持，能够较为快速地促进产业结构的调整和优化。

第五章 外汇市场

2009年，我国银行间外汇市场保持了平稳发展。全年人民币外汇市场交易价格走势稳定，交易量增长较快，市场主体结构进一步完善，做市商的主导地位有所增强，人民币汇率波幅有所减小。外币对即期市场整体交易量下滑明显，机构参与度有所提升。

一、外汇市场运行情况

（一）美元兑人民币中间价基本稳定

美元兑人民币中间价走势趋于稳定，波幅显著收窄。自2008年7月开始，人民币汇率波幅收窄，人民币兑美元中间价在6.82元人民币/美元~6.84元人民币/美元的区间内窄幅波动。2009年年初，美元兑人民币中间价为1美元兑6.8367元人民币，年末报收于1美元兑6.8282元人民币。人民币对美元升值0.09%，升值幅度比2008年下降6.79个百分点。2009年，人民币兑美元中间价最高为1月14日的6.8399元人民币/美元，最低为5月5日的6.8201元人民币/美元，波幅为198个基点，较2008年4 987个基点的波幅下降96%。

（二）非美元外币兑人民币中间价先抑后扬

港元兑人民币中间价基本稳定，日元、欧元兑人民币中间价先抑后扬，英镑兑人民币中间价探底后快速回升。

港元兑人民币中间价走势稳定。2009年年初，港元兑人民币中间价为1港元兑0.8821元人民币，年末报收在1港元兑0.8805元人

数据来源：中国货币网。

图5-1 2009年美元兑人民币中间价走势

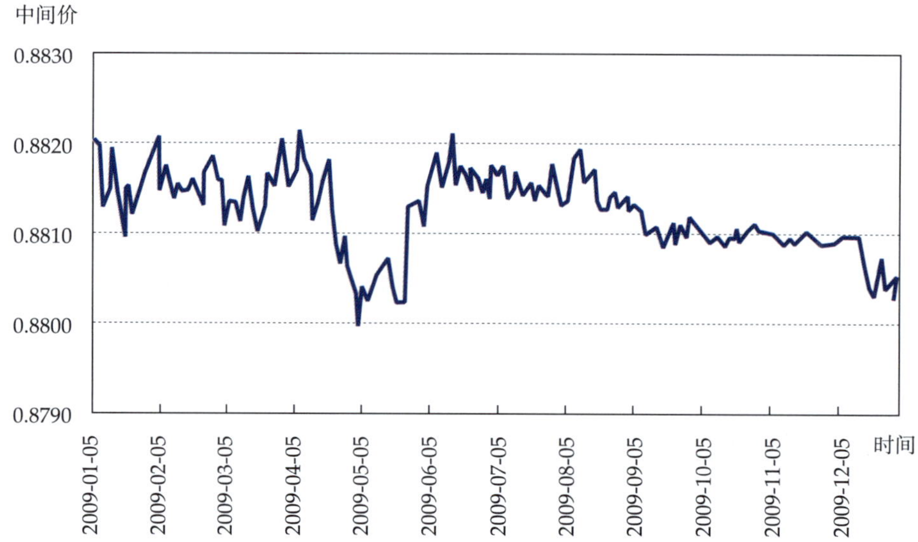

数据来源：中国货币网。

图5-2 2009年港元兑人民币中间价走势

民币。人民币对港元升值0.18%，升值幅度比2008年下降6.02个百分点。全年港元兑人民币中间价波幅为21个基点。

日元兑人民币中间价先抑后扬。2009年年初，日元兑人民币中间价为100日元兑7.4284元人民币，年末报收在100日元兑7.3782元人民币。年初，日元延续2008年的走势，贬值幅度快速扩大。3月中旬，随着美国宣布实施定量宽松的货币政策，日元开始逐步升值，但由于投资者看淡日本经济前景且日元依然是主要融资货币之一，全年升幅有限。2009年，人民币对日元升值2.53%，而2008年人民币对日元贬值15.32%。全年日元兑人民币中间价波幅为11 521个基点。

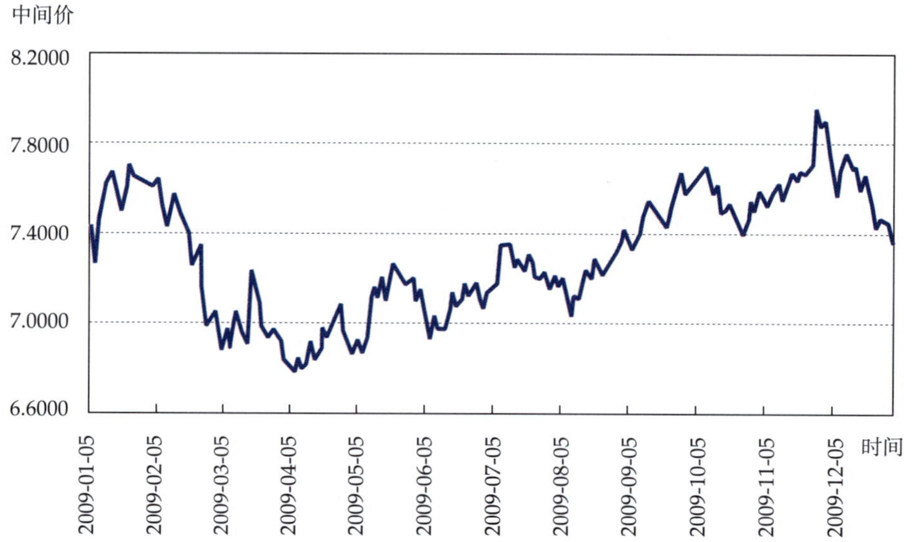

数据来源：中国货币网。

图5-3 2009年日元兑人民币中间价走势

欧元兑人民币中间价先抑后扬。2009年年初，欧元兑人民币中间价为1欧元兑9.5382元人民币，年末报收在1欧元兑9.7971元人民币。年初，欧元延续2008年的贬值走势，3月中旬随着美国宣布实施定量宽松的货币政策，欧元开始升值，但由于欧元区经济恢复速度低于预期，且希腊、西班牙等国家遭遇信用评级下调，全年升幅有限。2009年，人民币对欧元贬值1.41%，而2008年人民币对欧元升值10.43%。全年欧元兑人民币中间价波幅为17 929个基点。

英镑兑人民币中间价探底后快速回升。2009年年初，英镑兑人民币中间价为1英镑兑9.9194元人民币，年末报收在1英镑兑

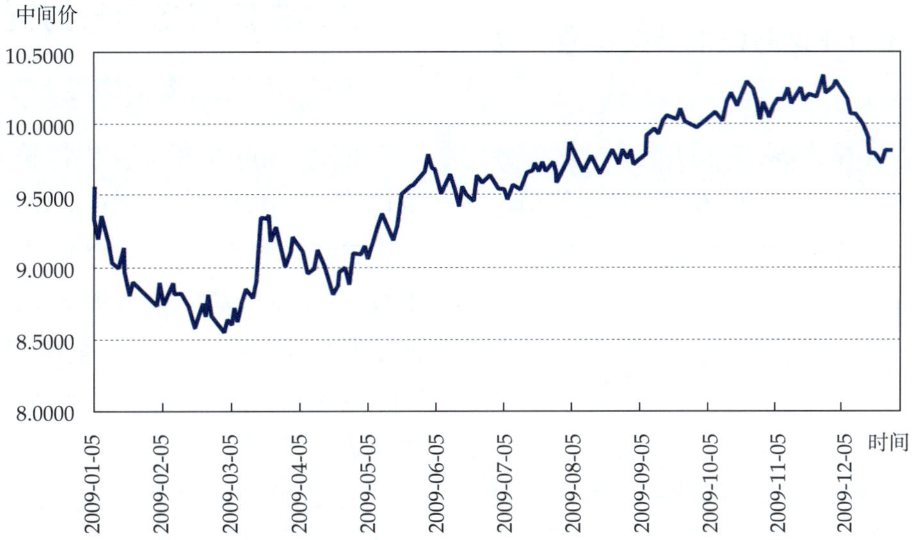

数据来源：中国货币网。

图5-4 2009年欧元兑人民币中间价走势

数据来源：中国货币网。

图5-5 2009年英镑兑人民币中间价走势

10.9780元人民币。年初，英镑维持震荡探底走势。3月中旬，在美国宣布实施定量宽松的货币政策后，英镑快速升值。但进入8月后，由于英国宣布扩大定量宽松的货币政策，英镑开始长时间盘整。2009年，人民币对英镑贬值10.0%，而2008年人民币对英镑升值47.58%。全年英镑兑人民币中间价波幅为21 845个基点。

（三）人民币外汇即期市场交易量平稳增长

2009年，人民币外汇即期市场交易量较上年增长19.3%，增幅同比有所下降。其中，美元、日元和欧元交易量同比上升，港元和英镑交易量同比下降。

（四）外币对即期市场交易量下降但结构有所优化

2009年，银行间外币对即期市场成交金额折合348亿美元，同比下降43.9%，日均成交1.4亿美元，同比下降43.5%。但外币对即期市场机构参与度有所提升，结构进一步优化。做市商银行即期竞价交易锐减，导致交易量大幅下降；普通会员全年共成交39.11亿美元，同比增长46.1%，市场份额从2008年的4.31%上升至11.24%。交易最活跃的三个外币对为美元兑港元、欧元兑美元和英镑兑美元，占总成交量的比重分别为48.57%、28.39%和8.42%。

二、外汇市场运行的特点

（一）市场主体结构进一步完善

截至2009年年末，银行间人民币外汇市场共有会员276家，比2008年年末增加8家。做市商由2008年年末的22家增加到24家，宁波银行、深圳发展银行开始承担做市义务；非银行类金融机构和非金融机构的数量从2008年年末的4家大幅增加到11家。市场买卖双边力量进一步平衡。

截至2009年年末，银行间外币对市场共有会员银行69家，比2008年年末增加14家。做市商银行增加了法国巴黎银行（中国），达到16家。

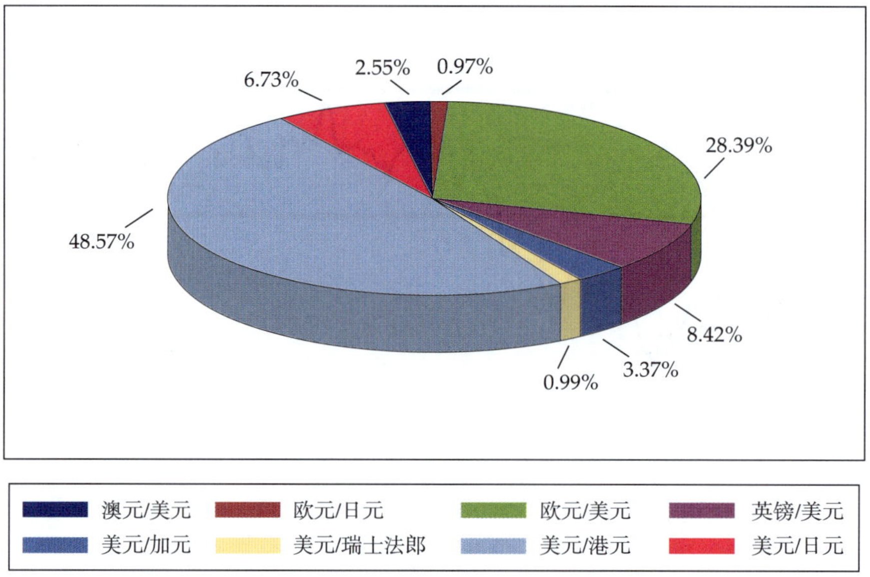

数据来源：中国货币网。

图5-6 2009年外币对即期市场结构图

（二）做市商的主导地位有所增强，但分化明显

2009年，人民币外汇即期市场上做市商与普通会员的格局对比没有发生整体性变化，做市商的市场份额依然高达91.06%。自2006年人民币外汇即期市场引入做市商制度以来，做市商的整体市场地位没有动摇。而2009年普通会员交易量仅增长9.02%，落后于市场增速，市场份额从上年的8.75%降至7.89%。

同时，在做市商群体内呈现一定程度的分化，外资做市商的份额整体有所下降。2009年，在人民币外汇即期市场上，中资做市商的市场份额高达70.93%，外资做市商的市场份额仅为20.13%，两者市场份额的差距从上年的41.8%扩大到50.8%，差距进一步加大。全年3/5的中资做市商的市场份额都有不同程度的提升，而2/3的外资做市商的市场份额则均有降低。

（三）人民币兑美元中间价继续保持双向波动，汇率波幅有所下降

在全年244个交易日中，人民币兑美元中间价有129个交易日相对前一交易日升值，有114个交易日相对前一交易日贬值，有1个交易日相对前一交易日持平，继续保持典型的双向波动特征。

本年度，美元兑人民币汇率日均波幅为56个基点，与2008年日均波幅106个基点相比大幅收窄。不计变动方向，美元兑人民币中间价隔日变动率平均值为0.014%，比2008年中间价隔日变动率平均值0.085%也大幅减小。即期汇率围绕中间价波动方面，波幅超过中间价上下2‰的仅有3日，分别是1月5日的–2.22‰、1月14日的–2.15‰和1月23日的2.63‰，天数占比为1.2%，与2008年汇率波幅在中间价上下2‰~5‰的天数占比21.6%相比大幅减少；其余交易日即期汇率均在中间价上下2‰的幅度内波动，汇率波

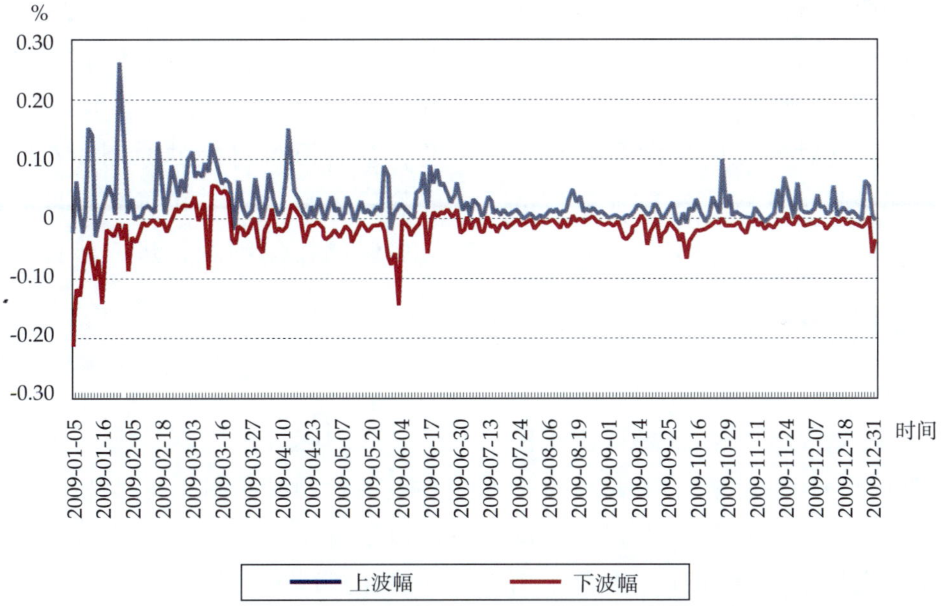

注：上波幅为当日最高成交价偏离中间价的百分比，下波幅为当日最低成交价偏离中间价的百分比。

数据来源：中国货币网。

图5–7 2009年美元兑人民币即期询价市场价格波幅

幅有所减弱。

三、银行间外汇市场制度建设

（一）银行间市场新版外汇交易系统CFETS FX 2009上线运行

2009年4月，新版外汇交易系统CFETS FX 2009上线运行。新系统大幅改进了系统功能和用户界面，提升了用户体验。其新功能与新特性主要包括：新增交叉货币掉期产品（CRS）；新增多方询价（MRFQ）交易方式，单次询价可完成多笔交易；新增自动选取最优做市商作为交易对手的功能，提升交易效率；新增止损订单(SL)功能，并引入多种复杂订单交易策略；新增市场深度、Mini-tenor、指定做市商报价查看的功能；新增预设用户类型选取的功能，方便用户专注于自己的交易；新增交易account功能，方便用户内部交易后处理；升级的交易日志功能，提供灵活与强大的日志搜索功能；升级的Rate Monitor功能，为做市商提供强大的API管理与手工报价功能；升级的自定义功能，为用户高级需求提供灵活的解决方案。CFETS FX 2009上线后，会员对多方询价的利用率较高，交易效率和交易活跃程度有较大幅度的提高。

（二）推出人民币外汇即期询价交易净额清算

2009年6月，银行间外汇市场推出人民币外汇即期询价交易净额清算。该业务以多边净额清算为基础，对清算会员之间达成的交易，中国外汇交易中心分别计算出每个清算会员同一清算日各币种轧差后的应收或应付资金，清算会员完成清算数据确认后，中国外汇交易中心承继交易双方资金清算的权利义务，分别与清算会员进行资金清算。该业务可以降低清算处理量和资金占用量，从而降低对手方风险和资金清算风险，提高清算效率，降低清算成本，并进一步提高了外汇市场流动性。银行间外汇市场的21家做市商成为净额清算业务的首批清算会员。

四、外汇市场发展展望

（一）继续完善外汇即期净额清算业务

外汇净额清算业务运行后得到市场成员的普遍认可，有效地提高了市场交易的活跃性，即期交易量当月环比大幅增长42%；同时，净额清算也为清算会员节省了大量的清算资金，仅6月就减少了清算会员约合1 600亿美元（82%）的资金占用，有效地减轻了银行后台的压力。在总结了净额清算业务推出后尚存在的问题以及成功的经验后，中国外汇交易中心还将考虑把该业务进一步扩展到即期T+0、T+1交易。在净额清算主体上，也会进一步扩大范围，不仅局限于做市商，普通会员也有机会参与。在业务范围上，会继续研究人民币外汇衍生产品净额清算问题，本着风险可控的原则，在净额清算业务成熟后还将进一步扩展到远期、掉期，以释放更多的授信额度，进一步提高衍生产品的市场流动性。

（二）丰富外汇市场产品体系

从国际外汇市场来看，汇率衍生产品主要包括货币掉期和外汇期权。其中，外汇期权市场近十年来整体呈现稳步增长，根据国际清算银行（BIS）每三年公布的外汇及衍生产品市场发展报告，2007年外汇期权日交易量达到2 120亿美元，1998～2007年，外汇期权交易量年复合增长率保持在10%左右。目前，尽管银行间市场推出的远期、掉期产品能较好地满足市场需求，但随着汇率弹性的不断增强以及进出口贸易的不断扩大，一些企业也出现了缴纳少量期权费以锁定市场风险的需求，银行也可以更好地进行风险管理。因此，推出外汇期权产品既可顺应形势发展的需要，也可由此派生出更多的结构性汇率衍生产品，进而丰富外汇市场产品体系，进一步推动汇率衍生产品市场的发展。

第六章　黄金市场

2009年黄金价格波动幅度加大，并不断创出历史新高，我国黄金市场整体上保持平稳、健康运行。上海黄金交易所场内现货黄金交易量仍居世界首位，商业银行成为黄金市场业务的主力军，个人投资者队伍不断壮大，各项制度和基础设施建设稳步推进，产品体系逐渐完善，市场广度和深度不断提高，市场功能稳步增强，黄金现货市场、黄金期货市场和银行黄金业务相互补充、相互促进、共同发展的良好格局得到进一步发展。

一、国内黄金市场运行情况

（一）上海黄金交易所黄金现货市场发展良好

1．交易规模进一步创历史新高

2009年，上海黄金交易所各黄金品种累计成交4 710.82吨，同比增长5.53%；成交金额为10 288.76亿元，同比增长18.32%。日均交易量为19.31吨，同比增长5.95%；日均交易金额42.16亿元，同比增长18.84%。继续保持全球交易所市场黄金现货交易量第一。

2009年，上海黄金交易所夜市交易时段黄金成交量为1 568.17吨，同比增长7.13%。夜市交易量占黄金交易总量的比重为33.29%，较上年增加0.5个百分点。

2．现货延期品种交易占比继续提升

2009年，上海黄金交易所现货延期品种Au(T+D)继续保持增长势头。全年交易量达3 259.17吨，同比增长8.97%，交易金额为

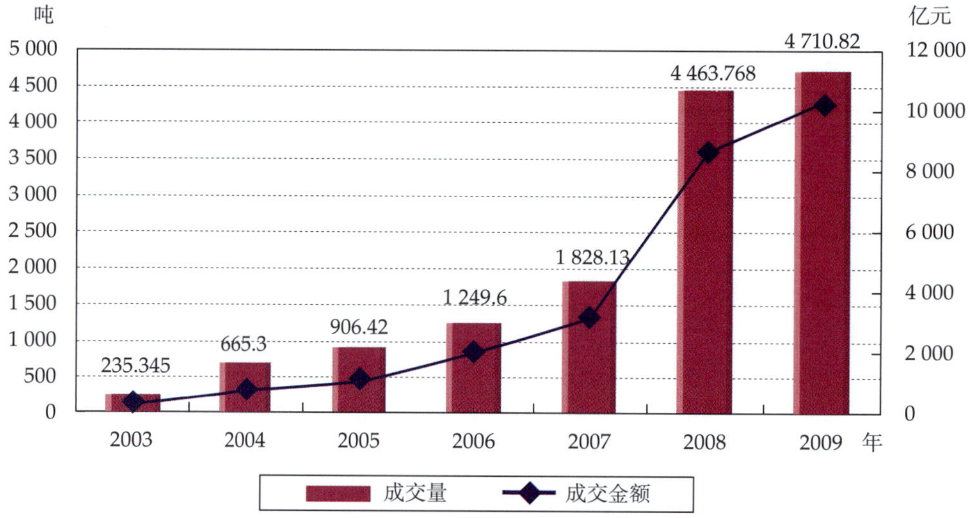

数据来源：上海黄金交易所。

图6-1　上海黄金交易所黄金交易量和交易额情况

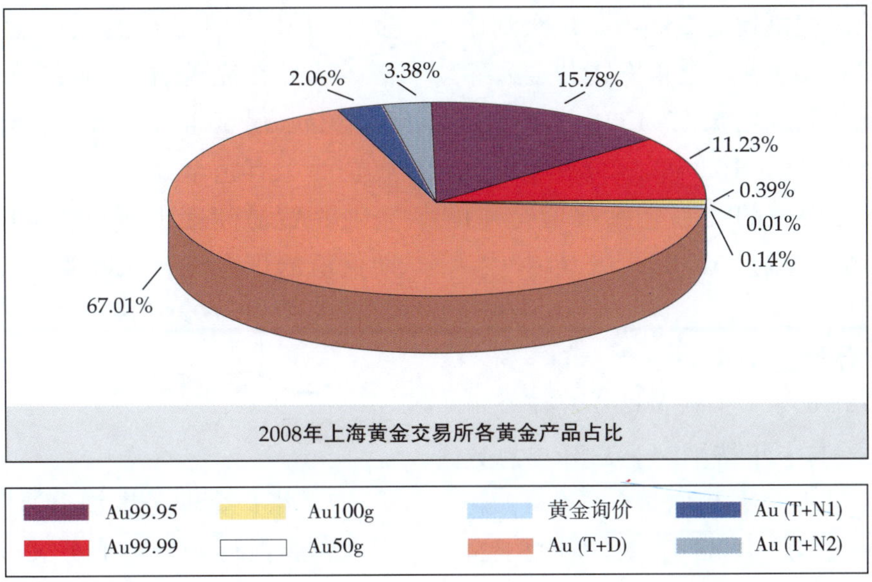

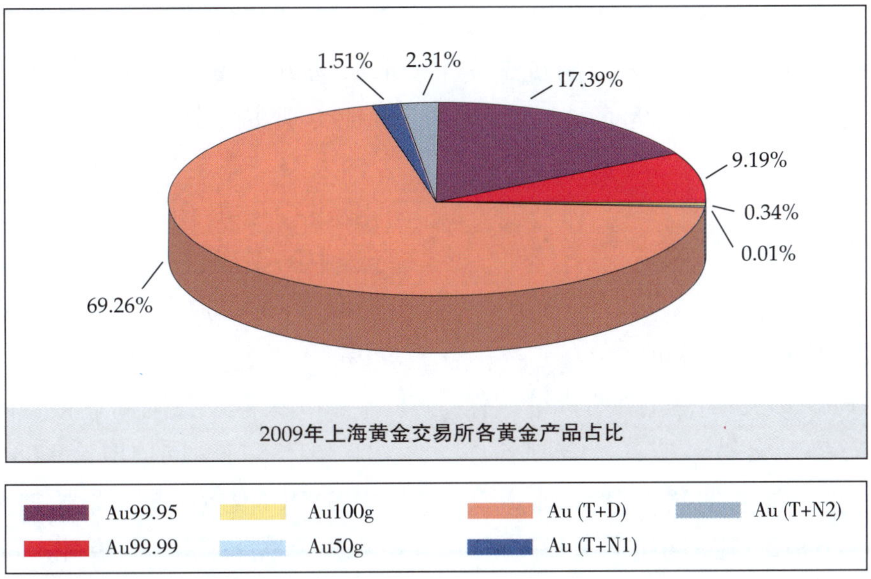

数据来源：上海黄金交易所。

图6-2 2008年和2009年上海黄金交易所各黄金产品交易量占比

7 168.23亿元。交易量占年度黄金交易总量的比重继续位居第一，达到69.18%，较上年增加2.17个百分点；年末持仓量为95.04吨，同比上升29.82%。

从2009年上海黄金交易所各交易品种交易量来看，除现货品种Au99.95、现货延期品种Au(T+D)有所增长外，其他各交易品种交易量较2008年均有所下降。

3. 资金清算和黄金实物交割量稳步提高

2009年，上海黄金交易所全年资金清算额为4 179.5亿元，同比增长23.52%。其中，自营业务清算额2 892.3亿元，代理业务清算额1 287.2亿元。全年日均清算笔数为880笔，同比增长15.03%。黄金实物清算量为2 533.99吨。

2009年，上海黄金交易所实物黄金交割

量为599.49吨，交割比为25.45%，交割比同比提高1.11个百分点。全年实物黄金入库量为582.57吨，同比增长12.13%；出库量为599.49吨，同比增长10.36%。2009年，上海黄金交易所已启用的交割仓库数增至41个，交割库使用率达到65.08%。

4. 市场主体快速增长

截至2009年年末，上海黄金交易所会员总数为162家，与上年持平。客户开户总数为92.39万户，其中，法人客户5 434户，新增1 171户；个人客户91.85万户，新增51.24万户。个人客户增长较快的原因是2009年交易所对个人客户开放了黄金延期品种Au(T+D)交易。法人客户和个人客户的黄金交易量分别占交易所黄金交易总量的33.96%和9.31%。

（二）上海期货交易所黄金期货业务运行平稳

1. 交易规模保持平稳发展

2009年上海期货交易所黄金期货继续保持稳健的发展态势，交易、结算、交割各环节运行平稳有序。黄金期货全年累计成交681.25万手，折合6 812.5吨，同比下降12.45%；累计成交金额为1.53万亿元，同比增加1.99%。

2. 持仓及交割运转顺利

2009年，上海期货交易所黄金期货所有合约日均持仓量为5.31万手，主力合约日均持仓量为4.87万手。全年累计交割实物黄金735公斤，同比下降18.06%。

3. 市场投资者结构不断完善

2009年，上海期货交易所陆续批准了中国工商银行、交通银行、兴业银行、中国民生银行和中国银行的黄金期货自营会员资格，从而在完善黄金期货市场投资者结构的工作中取得了重大突破。商业银行、黄金生产企业、有色金属冶炼企业、金银首饰加工企业、贸易商逐步参与黄金期货交易，以套期保值的理念进行风险管理，使得黄金期货的功能得以逐步发挥。

（三）商业银行场外（OTC）业务保持创新发展

1. 账户金业务发展迅速

商业银行账户金业务又称“纸黄金”业务，是投资者在商业银行开通黄金交易账户，通过金价变动赚取价差收益，但不能提取实物黄金的一种业务模式。账户金业务按币种类别主要分为美元账户金和人民币账户金两大类。截至2009年年末，我国共有4家商业银行开办了账户金业务，分别是中国银行、中国工商银行、中国建设银行和中信银行，各行的账户金产品均实现了24小时报价交易。

2009年，我国商业银行的账户金累计成交1 561.55吨，同比增长9.68%；成交金额约为3 315.01亿元，同比增长21.89%。其中，美元账户金累计成交180.39吨，同比增长97.88%，成交金额折合人民币391.53亿元，同比增长126%；人民币账户金累计成交1 381.16吨，同比增长3.65%，成交金额为2 923.48亿元，同比增长14.81%。

2. 品牌金销售回购业务增长较快

截至2009年年末，我国共有8家商业银行开办了品牌实物黄金的销售和回购业务。分别是中国工商银行、中国建设银行、中国农业银行、招商银行、中国民生银行、中信银行、广东发展银行、平安银行。

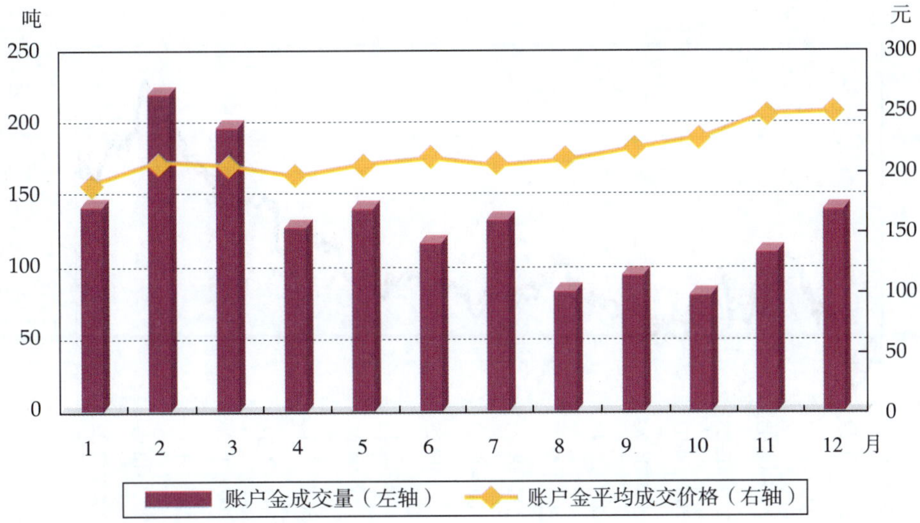

数据来源：中国人民银行上海总部。

图6-3 2009年商业银行账户金业务成交量价图

2009 年，商业银行品牌实物黄金的销售和回购业务累计成交 44.16 吨，同比增长 18.55%；累计成交金额 97.5 亿元，同比增长 30.30%。其中，自有品牌金销售和回购业务成交 40.73 吨，同比增长 22.98%，成交金额为 89.9 亿元，同比增长 34.82%；代理品牌金销售和回购业务成交 3.43 吨，同比减少 20.41%，成交金额为 7.6 亿元，同比减少 7.63%。

3．其他黄金业务发展平稳

黄金租借业务呈现分化特征，2009 年，我国商业银行黄金同业拆借业务累计成交 7.56 吨，同比减少 33.68%，成交金额为 15.09 亿元，同比减少 25.15%；对公黄金租赁业务累计成交 91.29 吨，同比增长 23.38%，成交金额为 191.98 亿元，同比增长 35.67%。黄金积存业务实现突破，黄金积存业务于 2009 年 4 月由中国工商银行在全国范围内率先推出，截至 2009 年年末，该业务累计成交 542.17 千克，成交金额为 1.3 亿元。黄金寄售业务量有所减少，2009 年，我国商业银行黄金寄售业务累计成交 34.73 吨，同比减少 26.28%；累计成交金额为 71.89 亿元，同比减少 17.71%。黄金衍生产品业务量大幅下降，2009 年，我国商业银行黄金远期业务累计成交 162.06 万盎司，同比减少 71.81%，成交金额为 15.98 亿美元，同比减少 70.65%；黄金期权业务累计成交 2.29 万盎司，同比减少 63.54%，累计成交金额为 0.22 亿美元，同比减少 62.07%。

二、2009 年黄金价格走势及影响因素

2009 年，国际黄金价格走势大体分为四个阶段：年初至 2 月下旬探底回升，3 月至 8 月末维持在 850 美元 / 盎司 ~ 1 000 美元 / 盎司的区间内宽幅振荡，9 月上旬至 12 月初不断创历史新高，12 月初至年末快速回调整理。国际现货金价 1 月 2 日以 869.75 美元 / 盎司开盘，随后下跌至 810 美元 / 盎司的年度低点，1 月中旬以后金价开始震荡攀升，2 月下旬一度突破 1 000 美元 / 盎司大关，此后迅速回落并震荡盘整，9 月开始持续飙升，于 12 月初创下 1 226.52 美元 / 盎司的历史纪录，12 月震

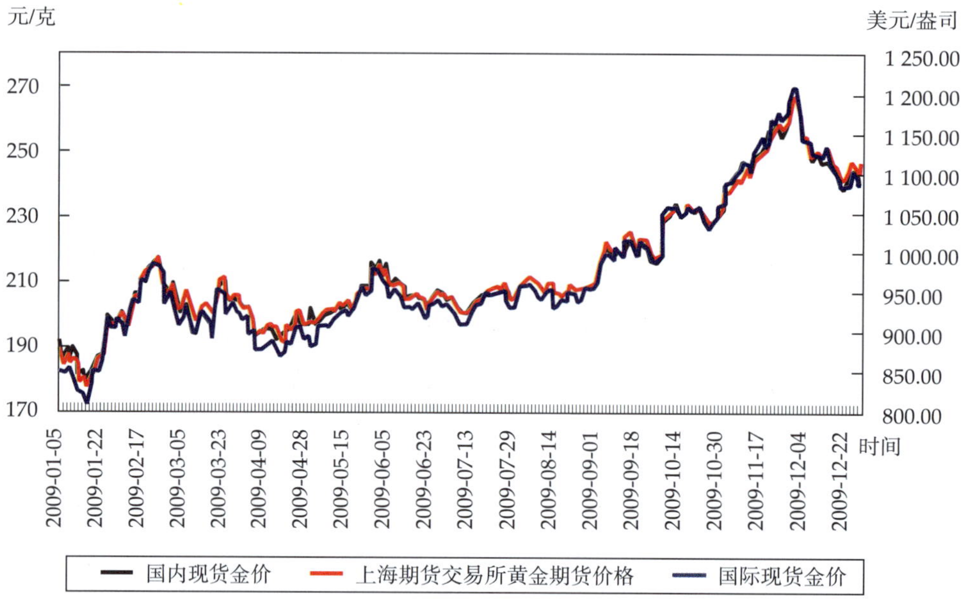

注：国内现货金价取上海黄金交易所Au99.95收盘价。国际现货金价取伦敦市场下午定盘价。
数据来源：上海黄金交易所、上海期货交易所、KITCO公司网站。

图6-4 2009年国内外黄金价格走势图

荡走低，年末报收于1 104美元/盎司，同比上涨27.63%。

2009年，国内现货金价与国际现货金价的走势大体一致，呈现震荡向上的态势。上海黄金交易所的主力品种Au99.95年初开盘价为192.6元/克，1月23日跌至年度最低价178元/克，2月25日回升至218元/克的阶段性高点。此后一直在190元/克和220元/克之间反复震荡。自9月开始快速飙升，12月3日达到269.25元/克的历史新高。其后快速下跌，12月31日收于248元/克，较上年年末增长30.44%。

2009年，上海期货交易所黄金期货主力合约首个交易日以191.03元/克开盘。年内，主力合约1月15日创出全年最低价176元/克，12月3日创出全年最高价270.49元/克，最后一个交易日收盘价为247.51元/克。全年黄金期货主力合约价格上涨29.57%。

国际国内金价的上述走势主要由以下几方面的因素决定：一是美国采取积极的财政政策和量化宽松的货币政策，美元走弱，通货膨胀预期上升导致金价上涨；二是迪拜债务危机引起市场投资者对主权违约风险的关注，黄金价格波动加剧；三是欧洲中央银行售金节奏放缓以及亚洲中央银行增持黄金储备，对黄金价格形成支撑；四是国际投资基金大量增持黄金资产，对国际金价上涨起到推波助澜的作用。

三、黄金市场运行的特点

（一）黄金价格波动剧烈，国内外金价价差大幅收窄

2009年是黄金市场发展的一个重要年度。国内外金价同创下历史新高，二者之间的联动也更加紧密。国内黄金价格在持续创出新高行情的同时，波动也更加剧烈。2009年，与国际市场相近，国内金价标准差为19.05元/

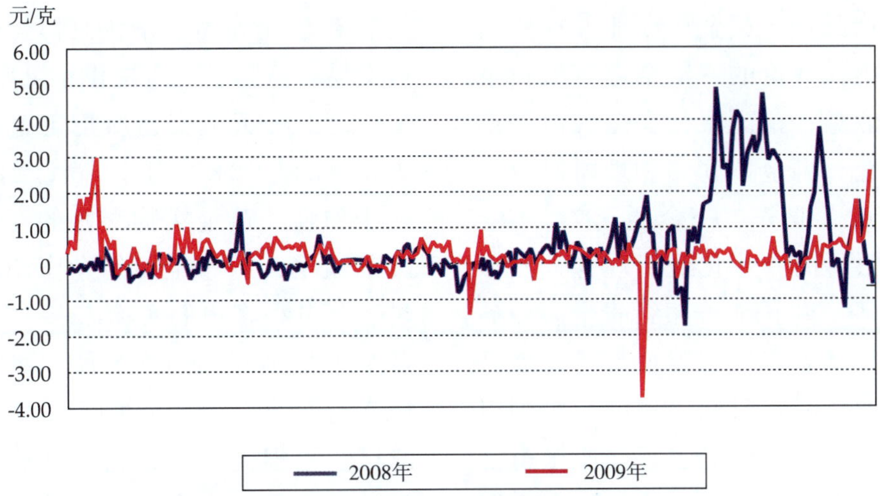

数据来源：根据上海黄金交易所的数据整理。

图6–5　国内外现货金价差异图

克，大于2008年的16.63元/克。在全年244个交易日中，有188个交易日国内金价高于国际金价，有56个交易日国内金价低于国际金价。不计差价方向，2009年国内外金价的平均差异为0.363元/克，同比下降45.82%，最大价差也由2008年的4.90元/克缩减至3.67元/克。

（二）黄金供求持续增长，市场活跃程度强于国际市场

2009年，受金价上涨、经济刺激政策拉动内需、市场参与主体不断增加等影响，我国黄金生产性供给和需求增长情况良好。全年我国累计生产黄金313.98吨，同比增长11.34%，产金量仍位居世界第一。我国的黄金消费需求增长强劲，2009年前三个季度黄金消费需求总量累计达315.1吨，比2008年同期增长12.54%，已超越印度跃居世界首位。从需求结构看，黄金珠宝首饰需求同比增长5.59%，净零售投资需求同比增长56.25%。其中，2009年第三季度我国的黄金消费需求量创历史上单个季度最大的黄金消费量纪录，达到120.2吨。

在良好的供给和需求因素作用下，我国黄金市场的整体活跃程度强于国际市场。2009年，伦敦现货黄金市场的日均清算量同比下降8.4%，美国、日本和印度等国家的黄金期货交易量分别同比下降13.72%、23.32%和4.33%，上海黄金交易所的现货黄金交易量同比上升了5.4%。

（三）商业银行的黄金业务创新发展，成立专业化经营机构

一是商业银行的自营业务发展有了新的突破。2009年工商银行、交通银行、兴业银行、民生银行和中国银行等五家金融机构相继获批成为上海期货交易所黄金期货自营会员，对实现国内现货市场和期货市场互连互通，推动中国黄金市场全面健康发展具有积极的作用。

二是商业银行的黄金产品和服务不断延伸。主要包括兴业银行、富滇银行、民生银行以及深圳发展银行等机构推出的上海黄金交易所的Au(T+D)个人代理业务；工商银行

成功推出创新产品——黄金积存业务；中信银行开办了以美元计价的“汇金宝”纸黄金实盘双向交易业务；招商银行在全国范围推广集易金、汇金、融金、仓储和理财服务为一体的综合性黄金业务“一金通”。

三是商业银行的专业化经营理念开始形成。2009年9月，中国工商银行贵金属业务部在上海成立，标志着我国黄金市场发展已进入到一个专业化经营时期。目前，中国银行、兴业银行、民生银行等多家商业银行都拥有贵金属业务专业团队，这些机构在上海黄金交易所的业务规模一直处于领先地位。

（四）个人投资者参与踊跃，投资者队伍快速成长

2009年，在黄金市场宣传培训及投资者教育工作的不断推进下，越来越多的个人投资者开始了解黄金并积极参与到黄金交易中。个人客户主要以投资为主，将黄金投资作为其资产保值和增值的手段，通过商业银行代理进入上海黄金交易所进行“黄金交易所交易金”的买卖。截至2009年年末，上海黄金交易所开户的个人投资者达到91.85万户，同比增长1.26倍。个人客户黄金交易量为438.53吨，同比增长572.09%。其中，个人黄金现货业务交易量为53.63吨，占个人黄金交易总量的12.23%；延期业务交易量为384.90吨，占个人黄金交易总量的87.77%。

四、黄金市场制度与基础设施建设

（一）不断提升系统功能，确保系统平稳运行

2009年，共完成22项系统变更及优化的上线工作，使上海黄金交易所的交易核心系统一直保持安全、可靠运行，管理系统、会员服务系统等周边系统总体运行平稳，为会员交易、清算、交割提供了可靠的保证。4月1日，上海黄金交易所指定仓库正式上线更为先进的USBK系统，取代原IC卡系统，进一步加强了黄金实物交割的安全性，提高了交割效率，遍布全国的仓库调运网络充分满足了会员和客户的实物需求。2009年，我国黄金市场不断加强交易所二级系统建设，积极支持商业银行会员T+D二级系统的开发和测试，不但为会员银行开展业务提供了便捷有效的手段，也有利于改善我国黄金市场交易系统的服务质量，完善交易技术设施。

（二）完善优化仓储网络，不断加强交割库建设

2009年，上海黄金交易所与深圳发展银行、交通银行、中国银行和农业银行等金融机构合作，先后在深圳、广西、郑州、三门峡等地增设5家指定交割仓库，同时重新启用哈尔滨指定交割仓库。截至2009年年底，上海黄金交易所在全国28个地区设立的指定仓库已达63个，其中正在使用的有41个，特别是在山东、河南、深圳和上海等主要产用金地区设有一地多库，极大地满足了会员和客户的实物交割需求，仓储网络不断优化。

（三）规范会员代理业务，保障黄金市场可持续发展

2009年，上海黄金交易所加大对会员代理个人业务的管理整顿力度，逐步将原有综合类会员代理个人业务的试点转移到商业银行。通过不断细化工作方案，制定完善、规范的平移工作程序，以先易后难为原则，经交易所现场检查核实后，完成平移工作。做到了既保护投资者利益，又能防止过渡期出

现的市场风险和经济损失，保证了黄金市场可持续发展。

五、黄金市场发展展望

（一）切实加强黄金市场法律法规等相关制度建设

进一步修改和完善《黄金市场管理条例》。加强对金融机构黄金业务的管理，引导并推动金融机构黄金业务稳步规范发展。切实履行监督管理黄金市场的相关职责，加大与相关部门的沟通协调力度，形成合力，为黄金市场发展提供良好的运行环境。

（二）着力推动黄金市场产品创新

结合当前我国黄金产业发展实际，围绕产业发展需要，鼓励市场加大对黄金远期、掉期、租赁和期权等产品的创新力度，满足企业融资和规避风险的需求，发挥黄金在促进产业发展中的重要作用。完善相关政策，促进黄金市场创新发展。进一步丰富黄金市场投资群体，引导更多的金融机构和个人投资者参与黄金市场交易，提高黄金市场的广度和深度。

（三）切实改进黄金市场服务体系

进一步加强黄金市场基础设施建设，推动上海黄金交易所建立询价交易系统。引导商业银行加大黄金市场系统建设力度。借鉴国际主要黄金市场的黄金交割标准，结合我国实际，推动制定我国黄金市场统一的黄金市场交割标准，进一步完善黄金市场交易、运输、仓储、交割和黄金账户及清算服务。进一步完善国内黄金市场监测体系，切实加强对上海黄金交易所和金融机构黄金业务的监测分析。继续加大黄金市场的培训宣传力度，切实加强对投资者的黄金市场风险意识教育。

第七章　期货市场

2009年，在全球主要经济体经济刺激政策的积极作用下，世界经济出现缓慢复苏，党中央、国务院及时出台的应对国际金融危机的一揽子计划，遏制了我国宏观经济快速下滑的势头，呈现出企稳回升的良好态势。同时各经济体宽松的货币政策使得全球金融市场的流动性较为充裕，国际大宗商品市场及国内商品期货市场均呈现出量价齐升与交投活跃的特点。

一、期货市场运行情况

2009年，我国期货市场继续保持稳健发展的良好态势，全年成交量和成交额分别为21.6亿手和130.5万亿元，分别较上年增长58.18%和81.48%，分别是2000年的40倍和81倍。期货市场交易金额已达到同期GDP的2.39倍。2009年，我国已成为全球第一大商品期货市场，我国期货市场在全球期货市场中的地位得到了大幅提升。

从交易所看，上海期货交易所累计成交8.70亿手，同比增长210.03%，占全国成交量的40.3%；累计成交额为73.76万亿元，同比增长155.47%，占全国成交额的56.52%。郑州商品交易所累计成交4.54亿手，同比增长2.04%，占全国成交量的21.1%；累计成交额为19.11万亿元，同比增长22.83%，占全国成交额的14.64%。大连商品交易所累计成交8.34亿手，同比增长30.59%，占全国成交量的38.6%；累计成交37.64万亿元，同比增长36.96%，占全国成交额的28.84%。

从期货品种看，大连商品交易所的聚乙

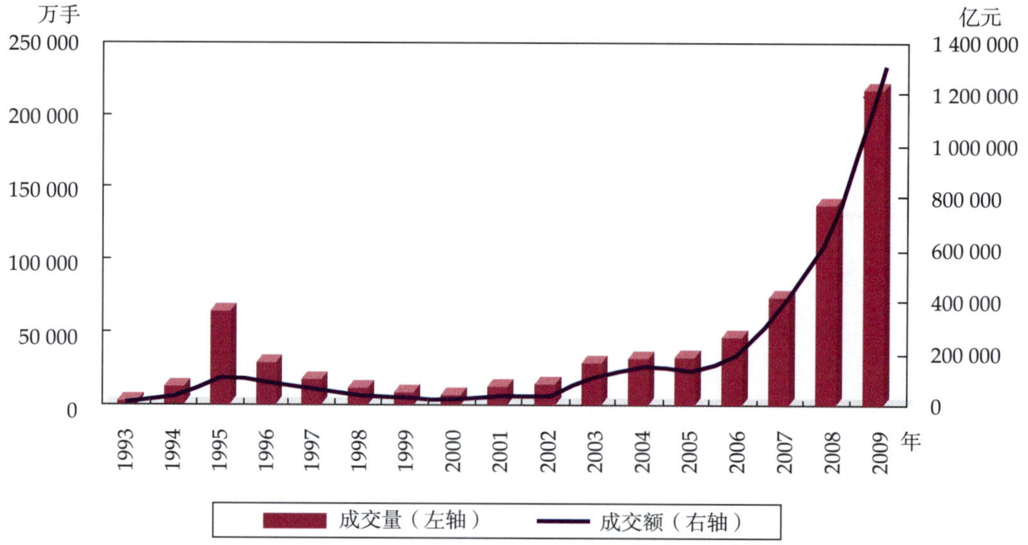

数据来源：中国期货业协会。

图7-1　1993～2009年期货市场成交量及成交金额

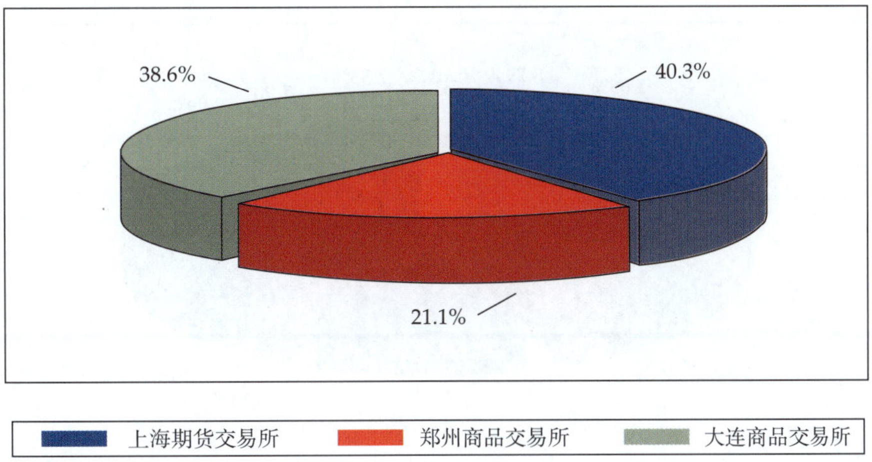

数据来源：中国期货业协会。

图7-2 2009年各期货交易所的成交量占比

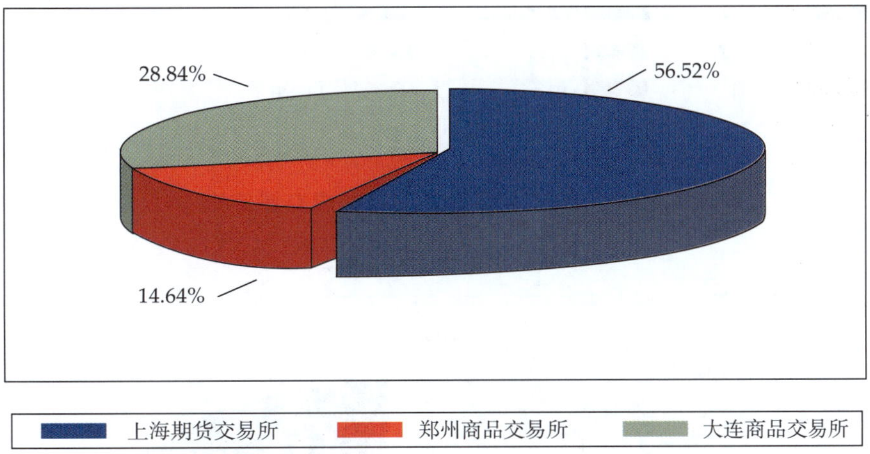

数据来源：中国期货业协会。

图7-3 2009年各期货交易所的成交金额占比

烯(LLDPE)、豆油、棕榈油，郑州商品交易所的精对苯二甲酸(PTA)、菜子油、棉花，以及上海期货交易所的铜、天然橡胶等期货品种的成交量和成交金额同比大幅增加。同时，上海期货交易所的铜、天然橡胶，以及大连商品交易所的豆油等期货品种的交易金额占全国成交额的比重超过10%，是主力交易品种。

对品种进行细分研究的情况说明，期货市场各品种交易“贫富”不均现象仍很明显。数据显示，2009年成交额排名前10位的品种依次为铜、天然橡胶、豆油、螺纹钢、白糖、豆粕、棕榈油、锌、聚氯乙烯和PTA，其中，前三大品种的成交总额高达61.93万亿元，占23个期货品种成交总额的47.45%，而上海期铜单个品种的交易金额，更是占据全国总成交额的1/4强。

同时，新品种脱颖而出是2009年国内期货市场的另一个典型特征，也是期货市场规模大幅增长的一个原因。在工业品方面，上海螺纹钢期货成交13.3万亿元，成为期货市

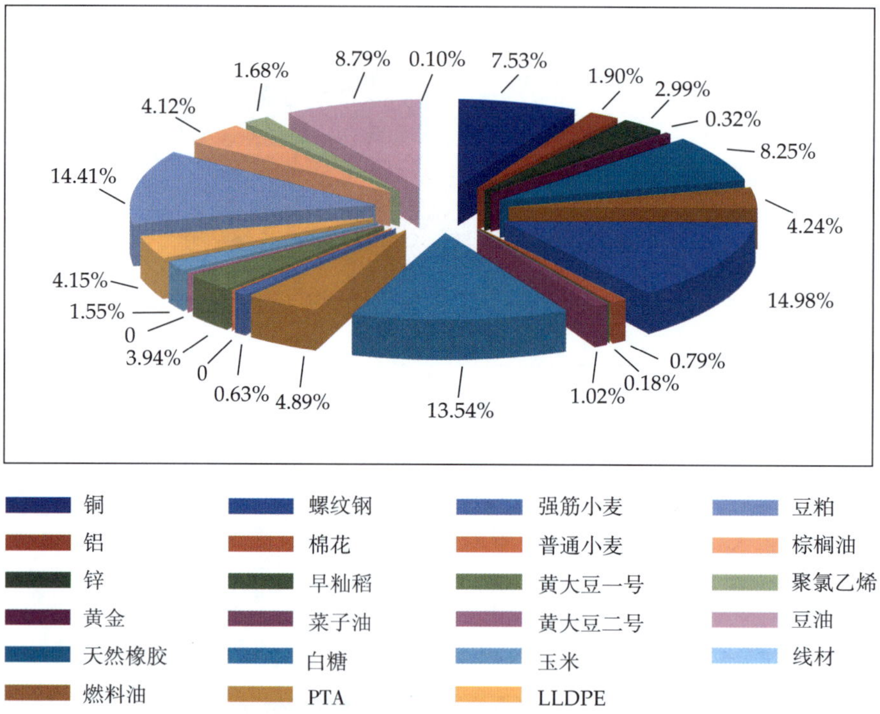

数据来源：中国期货业协会。

图7-4 2009年各期货品种的成交量结构

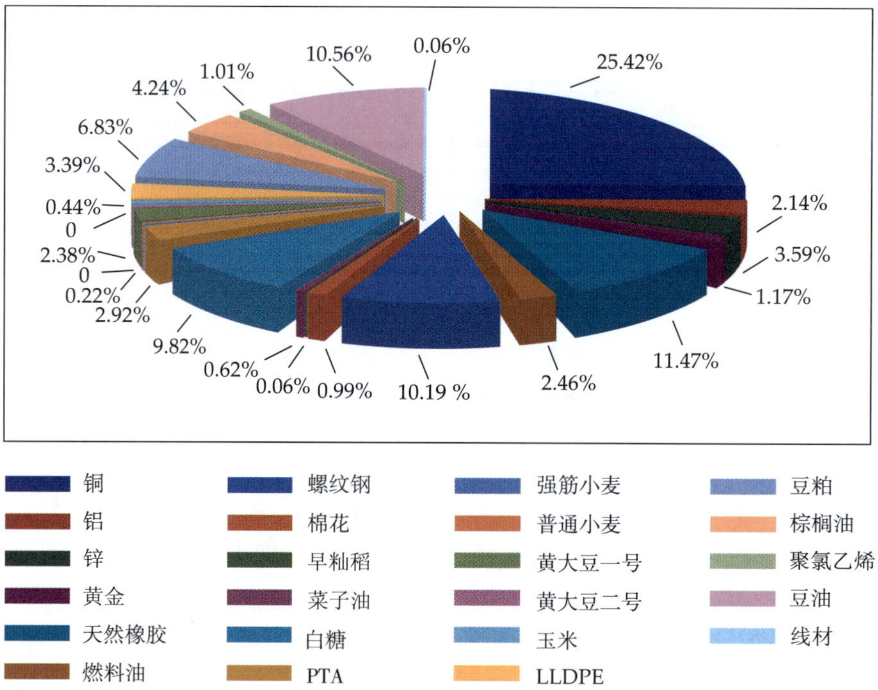

数据来源：中国期货业协会。

图7-5 2009年各期货品种的成交金额结构

场的明星品种。就大连市场来看，虽然传统农产品期货出现了不同程度的萎缩，但近年来上市的油脂期货和化工产品期货呈现良好的增长势头。PTA和棉花期货则是2009年郑州商品交易所增长幅度最大的品种。

二、期货市场运行的主要特点

（一）市场规模再创新高

无论是从成交量还是从成交额来看，2009年我国期货市场均再创新高，成交金额更是达到130.5万亿元，进入百万亿元规模时代。据中国证监会统计，2009年我国商品期货成交量占全球成交总量的43%，位居全球第一。同时，我国期货市场投资者开户数量接近90万户，保证金规模突破1 000亿元，参与者数量和流入资金规模基本实现了倍增。这都说明，在经济波动较大的时期，期货市场的风险管理功能凸显，是实体经济稳健发展所客观需要的保障性工具。

（二）市场品种进一步丰富

2009年，我国期货市场加快了创新的步伐。3月16日，上海期货交易所的线材和螺纹钢期货获得批准上市；4月10日，郑州商品交易所的早籼稻期货获得批准上市；5月13日，大连商品交易所的聚氯乙烯（PVC）期货获得批准上市。截至2009年年末，我国期货市场商品期货品种已达23个，关系国计民生的大宗商品期货品种体系基本形成。截至2009年年底，新上市的螺纹钢、线材、早籼稻和聚氯乙烯期货分别累计成交3.23亿手、218万手、390万手和3 616万手，累计成交额分别为13.3万亿元、825.69亿元、812.97亿元和1.32万亿元，交易较为活跃。

新品种的上市使我国期货市场的品种结构进一步完善，有助于吸引更多的投资者和套期保值者参与交易，增强了期货市场的功能和作用。

（三）市场结构不断完善

前几年，我国期货市场品种少，交易规模小，散户人数占比大，投机者和套利者较多。投机者和套利者是期货市场的润滑剂，通过他们的参与，可以调节市场对于价格的预期。但是，期货市场的最基本功能仍然是套期保值。套期保值参与者所占的比重过小，则期货价格就不能合理地反映现货市场供求状况，期货市场无法真正起到应有的为国民经济保驾护航的作用。

目前，这种现象正在得到改善。随着期货品种的不断丰富，交易规模的大幅上升，期货市场作为资产管理和风险管理的工具的作用越来越明显，吸引了更多的机构投资者参与进来。此次金融危机对企业经营的冲击，更是提升了期货市场的地位，使得越来越多的大型实体企业认识到期货市场的重要性，增强了其参与期货市场套期保值的主动性和积极性。同时，期货市场结构的完善，极大地改善了整个期货市场的运营状况，提高了期货公司的经营管理水平和服务水平。

三、期货市场制度建设

（一）期货公司的分类监管工作启动

为了有效地实施对期货公司的监督管理，合理配置监管资源，提高监管效率，促进期货公司持续规范发展，中国证监会于2009年8月19日公布了《期货公司分类监管规定（试行）》，自2009年9月1日起施行。该规定依据风险管理能力、市场影响力和持续合规状况三大类评价指标，将期货公司分为

A（AAA、AA、A）、B（BBB、BB、B）、C（CCC、CC、C）、D、E等5类11个级别。中国证监会按照分类监管原则，对不同类别的期货公司在监管资源分配、现场检查和非现场检查频率等方面区别对待。期货公司分类结果将作为期货公司申请增加业务种类、新设营业网点等的审慎性条件，也将作为确定新业务试点范围和推广顺序、确定期货投资者保障基金不同缴纳比例的依据。2009年11月，165家期货公司首次分类监管评审结果出炉，评出的A、B、C、D、E类公司的数量分别是18家、37家、81家、28家和1家。

实施期货公司分类监管、针对各期货公司不同的风险状况和市场影响采取差异化的监管措施，有助于合理配置期货监管资源，提高期货市场监管的有效性，有助于强化期货公司的合规经营意识，督促其完善自我约束机制，从而提升期货公司的整体经营管理水平，为期货行业的进一步发展奠定基础，促进期货行业稳定健康发展。目前，分类监管对于期货公司的影响已经开始显现。11月30日，中国证监会发布了《关于期货公司设立营业部与分类评价结果衔接工作有关问题的规定》，将设立营业部的范围同分类评价结果直接挂钩。

（二）期货市场实施统一开户制度

期货市场统一开户是2009年年初全国证券期货监管工作会议确立的期货市场改革和发展的重点工作之一。在吸收和继承现有开户制度合理内容的基础上，为了进一步完善开户环节的管理程序，中国证监会于2009年8月31日发布了《期货市场客户开户管理规定》（以下简称《管理规定》），自2009年9月1日起施行。截至2009年11月，全国正常经营的164家期货公司已经分五批全部纳入统一开户系统，按照《管理规定》的要求进行开户管理，这标志着期货市场统一开户实施推广工作已顺利完成。

期货市场统一开户是继净资本监管、保证金安全存管、首席风险官、投资者保障基金等一系列市场基本制度后，期货市场的又一项重大基础性制度建设。期货市场统一开户制度实施后，期货公司不需要逐一登录各交易所的开户系统、多次输入客户资料，大大提高了开户环节的效率，节约了社会成本；统一开户制度的实施也有助于促进期货市场严格落实实名制和市场准入制度，阻止虚假客户开户，防止出现名字与证件号码不符、利用单位名称和营业执照号码不对应多次开户、开户资料不全、重复开户等问题，从源头上规范市场秩序；同时，期货市场统一开户制度的实施也有助于期货市场客户资料的集中统一管理，从而为分析市场交易行为、监测监控市场风险和防范市场操纵奠定更好的基础。

（三）期货公司的信息技术管理工作进一步加强

为了进一步促进期货公司信息系统建设，提高运行、维护保障水平，中国期货业协会于2009年7月9日发布了《期货公司信息技术管理指引》（以下简称《指引》）。《指引》涵盖了期货公司信息技术的各个方面，将期货公司的信息技术管理分为四个技术等级，每一个等级都对期货公司的技术管理、机房建设、核心系统、安全、日常运行、备份、系统维护和营业部的技术要求等八个方面提出了具体的技术标准。为了加强期货公司的信息技术管理工作，有效控制行业技术运行风险，中国证监会于2009年7月13日发布了《关于进一步加强期货公司信息技术管理工作的指导意见》(以下简称《意见》)。《意见》结合《指引》对具备不同业务资格的期货公司的信息技术管理工作提出了具体的要求，并规定对不符合监管要求的期货公司，将依照《期货交易管理条例》的规定采取相应的监管措施。

《指引》和《意见》在提高期货公司的信息技术管理和运行维护保障水平、加强期货公司的信息系统建设、促进期货行业健康发展等方面，将发挥积极的作用。随着信息技术的不断发展，全电子化的交易结算及相关技术系统已经覆盖了期货业务的各个环节，信息技术系统已经成为期货行业的重要基石，是期货市场安全稳定运行的核心环节。

（四）证券期货市场统计管理工作得到规范

中国证监会于2009年1月9日公布了《证券期货市场统计管理办法》(以下简称《办法》)，自2009年3月1日起实施。根据《办法》规定，中国证监会负责全国证券期货市场的统计工作，中国证监会派出机构负责辖区内的证券期货统计工作。

《办法》指出，证券期货市场统计的基本任务是对证券期货市场发展情况进行统计调查、统计分析、提供证券期货市场的统计资料和统计咨询意见、实行统计监督。《办法》分为总则、统计机构和统计人员、统计调查和统计分析、统计资料管理和公布、监督管理与法律责任、附则等6章，共38条。《办法》要求所有证券期货市场统计调查对象必须如实提供证券期货统计资料，不得虚报、瞒报、拒报、迟报，不得伪造、篡改。根据《办法》第三条第二款的规定，被调查对象包括证券公司、证券投资基金管理公司、期货公司及其分支机构，基金托管银行、基金销售机构、合格境外机构投资者托管银行，从事证券期货服务业务的投资咨询机构、财务顾问机构、资信评级机构、资产评估机构、会计师事务所、律师事务所，上市公司、非上市公众公司，证券期货交易所、证券登记结算机构、证券业协会、期货业协会、证券投资者保护基金公司、期货保证金监控中心等市场主体。

《办法》的出台和实施将有助于规范证券期货市场的统计行为，发挥统计在反映证券期货市场基础信息和动态状况、加强证券期货市场监管中的作用。

四、期货市场发展展望

（一）市场规模有望持续扩大

根据“完善期货市场体系、拓展服务国民经济功能”的总体安排，2010年，包括股指期货、大宗商品期货等的新品种将稳步推出，期货公司的业务创新也有望取得突破，而随着分类监管的推行和深入，期货行业更为全面、细致的数据库将会建立起来，方便投资者进行投资分析，同时通过加强期货市场运行监测和监控，也将降低市场的系统性风险，这些都将使我国期货市场对投资者的吸引力进一步增强，交易必将更加活跃。在全面评估已上市期货品种市场运行质量和功能发挥情况后，现有的期货品种将继续做深、做细。两大因素必将推动我国期货市场的成交规模再上新台阶。

（二）市场创新将继续稳步推进

一是产品创新。2010年1月31日发布的《中共中央、国务院关于加大统筹城乡发展力度，进一步夯实农业农村发展基础的若干意见》，明确提出“加快发展农产品期货市场，逐步拓展交易品种，鼓励生产经营者运用期货交易机制规避市场风险”。2010年1月14日召开的全国证券期货监管工作会议将“稳步推出大宗商品期货新品种”作为工作重点之一。商品期货的品种体系必将更加丰富。二是业务创新。“稳步推进期货公司业务创新”也是中国证监会2010年的工作重点。分类监管为期货公司的业务创新打下了基础，试点期货公司的客户资产管理业务、研究开展境外期货代理业务、制定期货公司从事期货投资咨询业务的相关办法等有可能陆续推出。三是制度创新。我国的期货市场目前有些制度仍不够成熟，比如大宗商品价格不连续，交易制度有待改进等，在一定程度上制约了期货市场作用的发挥。随着品种创新和业务创新的不断出现，制度创新有望同步推进。

（三）市场运行质量将持续提升

当前，我国期货市场正处在从规模扩张向质量提升转变的关键时期。近两年，期货市场的基础制度建设有序推进：期货开户实名制、期货市场统一开户制度、期货公司的净资本风险监管制度、期货公司的分类监管制度、期货保证金安全存管监控制度、期货投资者的保障基金制度，以及正在着力建设的期货市场运行监测监控系统等。这些基础性制度的建设和完善，使得我国期货市场的法律和信用环境不断改善，行业监管和风险防范能力持续增强，期货公司及从业人员的服务意识和服务水平明显提高，从而保障了期货市场的稳健运行，市场质量稳步提升。2010年，期货市场将按照“远近结合、统筹兼顾”的原则，加快市场基础性制度建设步伐，着力解决市场体制性、机制性问题，有重点、有步骤地推进市场化建设不断深入，建立和完善市场内在稳定机制，拓展市场的广度和深度，提高市场效率，促进期货市场稳定健康发展，更好地服务国民经济和社会发展全局。

（四）市场对外开放步伐将会加快

期货市场的国际性特点明显，国内、国外两个市场是相互融通的，加速国际化进程将更有利于我国期货市场的深化发展。国际化包括走出去和引进来。从走出去来看，在我国期货市场的投资者中，已经有很多企业参与国际期货市场，既可以锁定风险、提高经营管理水平，又可以扩展国外市场。2010年，在研究开展境外期货代理业务的大环境下，相信将会有更多的企业参与到国际期货市场中。此外，我国期货市场的品种和制度也在向国际市场靠拢。通过逐步丰富交易品种类别，不断改善交易制度以做到公开、公平、公正，逐渐与国际接轨。在引进来方面，我国期货行业通过与国外机构合作，加速了自身的发展和制度建设。大连商品交易所和上海期货交易所已通过与国外的交易所进行战略合作，学习国外的交易制度，更好地为我国的期货市场服务；期货公司则通过外资参股，提高了管理和服务水平。预计此类国际合作将越来越多。2010年，期货市场将积极稳妥地推进国际化建设，使之与我国证券期货市场整体开放、人民币国际化、上海“两个中心”建设等结合起来，充分借鉴成熟市场中符合市场发展规律的先进经验，摸索出适合我国市场实际情况的国际化路径。

第八章　金融衍生产品市场

2009年金融衍生产品市场的发展逐渐摆脱了国际金融危机的不利影响，交易量快速回升，各项基础设施与制度建设稳步推进，市场整体实现了平稳发展，但其初期的阶段性特征依然较为明显。下一阶段，应积极稳妥地推进金融衍生产品市场制度创新和产品创新，积极扩大金融衍生产品市场参与主体，规范市场主体行为，提升市场功能。

一、人民币利率衍生产品市场运行情况及特点

（一）各类人民币利率衍生产品运行情况

1. 利率互换交易量小幅增长，互换利率①明显上升

2009年，人民币利率互换累计成交4 044笔，名义本金总额为4 617亿元，同比增长12%。其中，1年及1年期以下交易比较活跃，其名义本金总额为2 606亿元，占比为56.5%。人民币利率互换交易的浮动端参考利率主要有Shibor、7天回购定盘利率和1年期定期存款利率，与其挂钩的交易量分别为1 304亿元、3 244亿元和69亿元，分别占28.3%、70.2%和1.5%。此外，市场首次出现了一笔以1年期贷款利率为参考利率的利率互换交易。

受经济形势好转及中央银行公开市场操

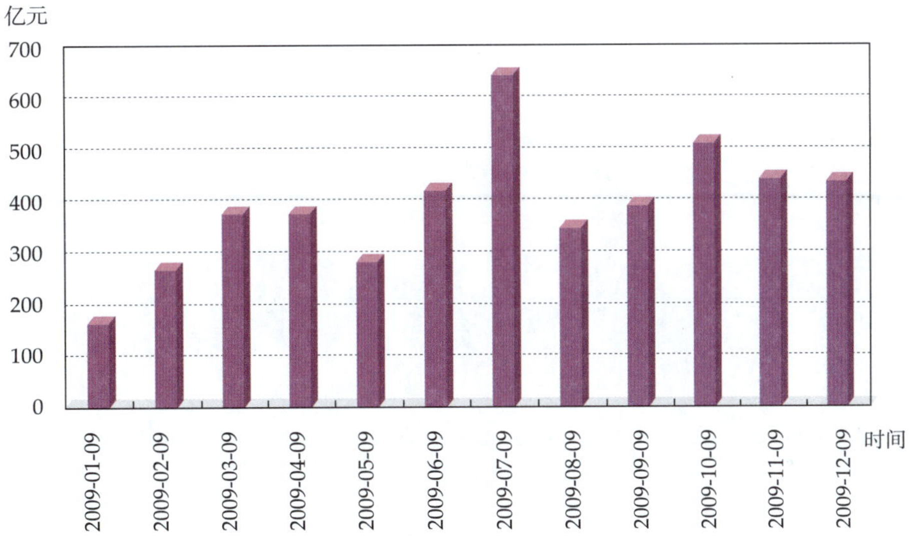

数据来源：中国外汇交易中心。

图8-1 2009年利率互换交易量月度分布

①此处互换利率指的是利率互换交易中固定利率支付方所支付的固定利率，该利率大致反映了市场参与者对未来一段时间参考利率平均值的预期。

作的影响，从全年来看，互换利率上升明显，以1年期FR007-IRS品种[①]为例（见图8-2），其固定利率上涨约120个基点；互换利率曲线出现陡峭化趋势，1年期FR007-IRS品种与5年期FR007-IRS品种之间的利差由年初的70个基点上升至12月底的150个基点左右。

2．债券远期成交量大幅上升

2009年，债券远期共达成交易1 599笔，成交金额为6 556亿元，同比上升31%。其中，7天品种仍最为活跃，共成交4 156亿元，占市场总交易量的63.4%，较2008年下降12.5个百分点。14天品种交易量上升较快，市场占

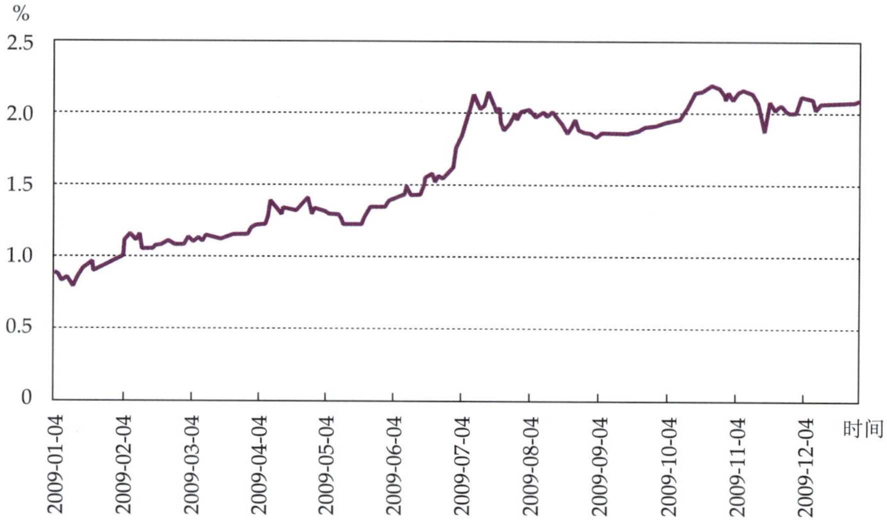

数据来源：中国外汇交易中心。

图8-2 2009年1年期FR007-IRS互换利率波动情况

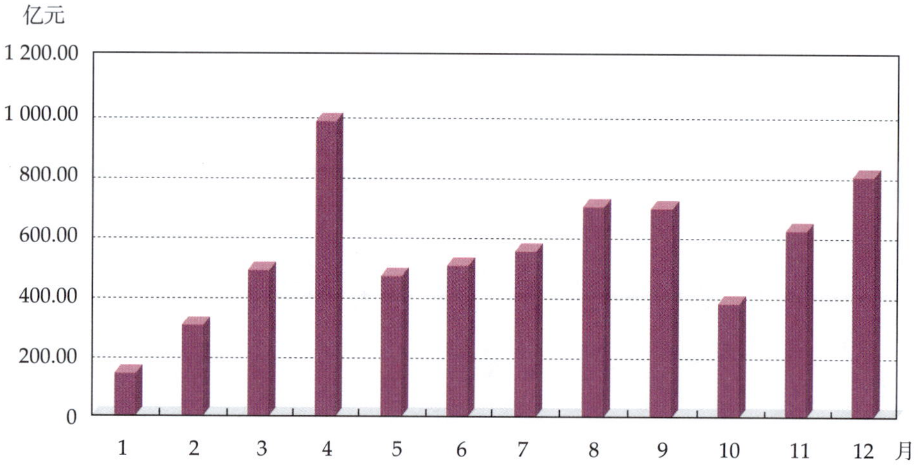

数据来源：中国外汇交易中心。

图8-3 2009年债券远期交易量月度分布

①1年期FR007-IRS品种是指以7天回购定盘利率（FR007）为参考利率的1年期利率互换交易。

比由2008年的10.8%上升至2009年的23.3%。

3. 远期利率协议交易清淡

2009年，远期利率协议累计成交27笔，名义本金额为60亿元，同比下降47.2%。远期利率协议交易清淡主要有两个原因：一是市场缺乏公信力强的定价依据，远期利率定价困难，报价往往偏离较大；二是终端客户对远期利率的避险需求不足。

（二）人民币利率衍生产品市场运行的特点

1. 市场活跃度逐步恢复

受国际金融危机的影响，利率衍生产品交易量在2008年8月后急剧萎缩，2009年1月交易量下降至最低点。随着国内外经济形势的逐步稳定，利率衍生产品市场活跃程度逐步恢复，交易量也稳步增长。在利率互换方面，2009年1月初，互换利率持续下降至年内低点，随后出现温和反弹，交易量也稳步增长；6~7月，随着各项宏观经济数据逐步向好，商业银行的信贷规模大幅增加，经济复苏形势逐步明朗，中央银行票据发行利率和回购中标利率连续上升，互换利率在短期内出现明显上升，交易量迅速增长。随后互换利率开始小幅波动，月度交易量也在350亿~500亿元徘徊。债券远期的情况与利率互换类似，交易量从1月的最低点不断上升，4月上升至年内高点，接近1 000亿元，这也是债券远期历史上的单月最高成交量。此后，月度交易量基本维持在500亿~800亿元。

2. Shibor的基准性进一步增强

在利率互换交易中，Shibor的基准性进一步增强。以Shibor为参考利率的利率互换交易量占比由2008年的22%提高到2009年的近30%，并且以Shibor为参考利率的利率互换交易的真实性大大提高。

3. 市场参与者的结构发生变化

2009年，参与利率互换交易的市场成员共计44家，外资银行和股份制商业银行是利率互换交易中最主要的参与者，所占市场份额分别为45%和25%，前者比2008年上升6.5个百分点，后者则下降12.4个百分点，外资银行的市场参与度明显提高。

2009年，股份制商业银行、城市商业银行是债券远期交易的主要参与者，其所占份额分别为52%和39%，其中，城市商业银行占比同比大幅上升23个百分点，而国有商业银行占比则同比大幅下降20个百分点至5.4%。城市商业银行是债券远期交易的主要买方，其买入量占市场总交易量的86%；股份制商业银行则是主要卖方，其卖出量占市场总交易量的69%。

4. 政策性金融债券取代中央银行票据成为交易量占比最大的标的券

政策性金融债券作为标的券的交易量占比由2008年的27%上升到2009年的54%，中央银行票据的交易量占比则由2008年的65%降到25%，债券远期交易标的券种发生较大的变化。这与2008年12月至2009年7月间1年期中央银行票据停发、中央银行票据总体发行量下降有关。

二、人民币汇率衍生产品市场运行的情况及特点

2009年，人民币汇率衍生产品市场总体快速发展，市场规模超过8 000亿美元，同比增长超过70%，增长的主要原因是掉期市场

发展迅速，同期的远期市场受人民币汇率稳定引致的客户套期保值意愿下降的影响，交易规模明显下滑。在掉期市场高速发展的同时，2009年人民币汇率衍生产品市场还呈现出如下主要特点：经纪中介交易模式开始占据主导地位；中外资机构分化，中资机构交易量占比大幅提升；掉期报价由升水转为贴水，人民币再次出现升值预期，价格波动整体减弱。

（一）各类人民币汇率衍生产品运行情况

1. 人民币外汇掉期交易量同比增长逾八成

2009年，人民币外汇掉期市场共达成3.1万笔交易，成交金额折合8 018亿美元，同比增长82.1%。共有美元/人民币、港元/人民币、日元/人民币和欧元/人民币四个品种发生掉期交易，分别成交8 012亿美元、4.2亿港元、45.6亿日元和3.3亿欧元。

2009年人民币外汇掉期市场交易的短期化特征更加明显，也更加活跃。交易期限主要集中在3个月以内，其中，隔夜美元掉期成交5 193亿美元，成交规模同比上升了172.1%，高出掉期市场增长速度一倍多；占掉期成交总金额的64.8%，比2008年上升21个百分点。

2. 人民币外汇远期交易量同比下降逾四成

2009年，人民币外汇远期市场共交易2 501笔，成交金额折合98亿美元，同比下降43.8%，主要是因为美元兑人民币汇率保持基本稳定，企业客户的套期保值意愿下降。共有美元/人民币、港元/人民币、日元/人民币、欧元/人民币和英镑/人民币五个品种发生远期交易，分别成交93亿美元、7.3亿港元、24亿日元、2.4亿欧元和99万英镑。其中，9个月至1年期品种成交37.7亿美元，占远期成交总量的38.6%；1年以上的品种成交稀少，9个月以下的品种成交分布依然比较均匀。

（二）人民币汇率衍生产品市场运行的特点

1. 掉期市场经纪中介交易模式占据主导地位

2008年5月，中国外汇交易中心正式推出掉期人工服务。此后，通过人工服务达成的掉期交易量就呈逐月增长趋势，经纪中介

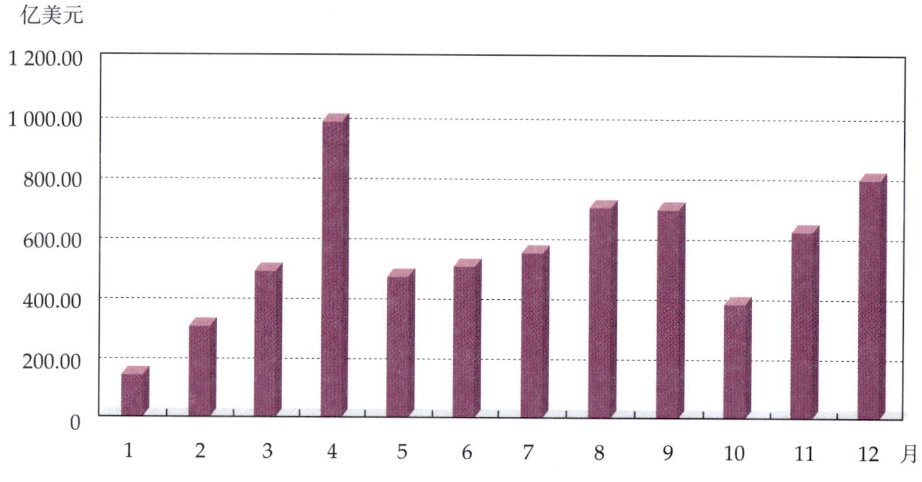

数据来源：中国外汇交易中心。

图8-4 2009年外汇掉期交易情况

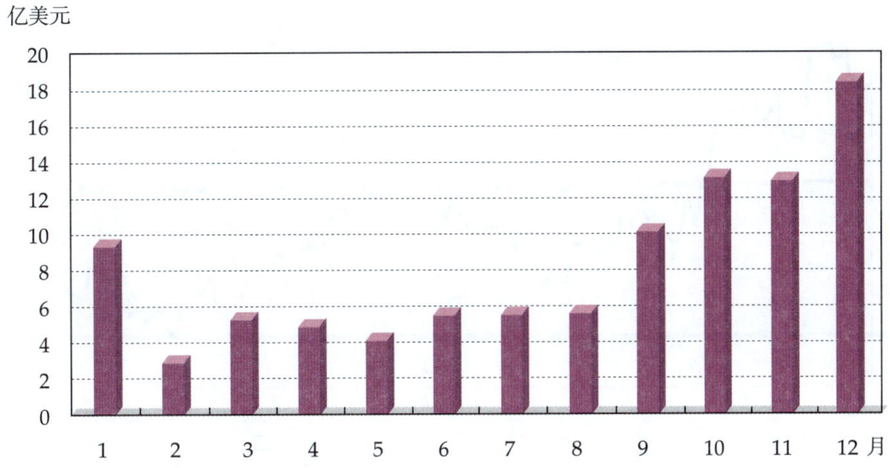

数据来源：中国外汇交易中心。

图8-5 2009年外汇远期交易情况

的作用开始凸显。从2009年3月起，上海国际货币经纪有限责任公司和上海国利货币经纪有限公司也陆续开展掉期经纪业务。全年通过经纪中介达成的交易额占掉期市场成交份额的七成，占据主导地位。

2 掉期市场中中资机构的交易量占比大幅提升

2009年掉期市场上中外资机构进一步分化。受制于危机时期授信管理的调整和中外资机构之间《中国银行间市场衍生产品交易主协议》签署缓慢的影响，全年中外资机构之间的掉期交易量占比从2008年的51.8%下降到2009年的29.7%。实际上，这种趋势从2008年第四季度就开始呈现，2009年下半年进一步加剧，中外资机构之间的交易份额从第二季度的46.4%下降到第四季度的25.3%。同时，外资机构之间的掉期交易量占比也大幅度下降，而中资机构之间的交易则成为掉期市场的主力，第四季度高达60%。

3. 掉期报价由升水转为贴水，人民币再次出现升值预期，价格波动整体减弱

2009年，市场对人民币汇率贬值预期由强转弱，并再次出现升值预期。第一季度，境内外远期市场走势预期从分化转向一致，境外无本金交割远期外汇（NDF）升水幅度从高位逐渐回落。3月下旬，受美联储量化宽松的货币政策削弱美元长期信用以及全球金融市场企稳降低美元避险作用的影响，美元升势逆转，开始走弱，境内外远期市场人民币逐步走强，境外NDF转入人民币升值预期，而境内掉期市场升值和贬值预期交替出现。自9月下旬以来，受国内经济持续向好的刺激，境内外远期市场再次趋同，均呈现人民币升值预期。

与外汇即期市场的价格特征相似，2009年外汇衍生产品市场价格波动也大幅度减弱。截至2009年年末，美元1年期掉期报价收于6.7682元人民币/美元，显示一年后人民币升值幅度为2.54%，比2008年年末下跌1 224个基点。掉期报价最高为1月5日的6.8817元人民币/美元，升水点数为450个基点，此后报价逐渐走低，升水点数不断收缩并转为贴水，报价最低为10月20日的6.6673元人民币/美元，贴水1 600个基点，2009年

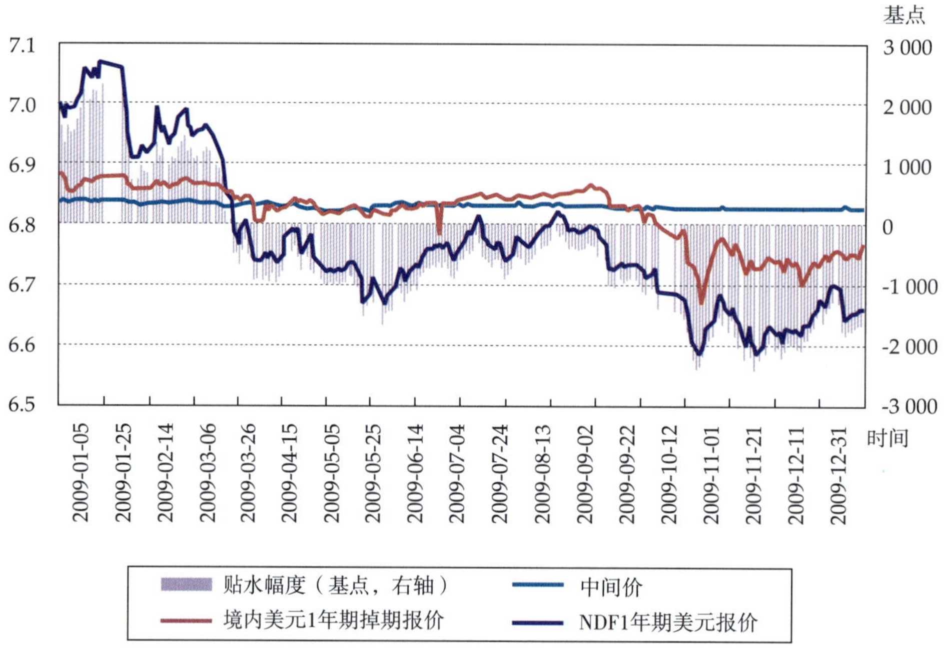

注：贴水幅度=10 000×(人民币兑美元中间价-NDF1年期美元报价)。

数据来源：中国外汇交易中心。

图8-6 2009年人民币对美元外汇掉期和NDF1年期报价

日均贴水128个基点，比2008年2 536个基点的贴水幅度①大幅缩小。从全年来看，掉期报价绝大部分时期在6.7～6.9的区间内运行，波动范围从上年的近6 000个基点收缩至今年的2 200个基点，境外1年期NDF报价大部分时期位于6.6～6.8的区间，境内外远期价差多数时期维持在500～1 000个基点。

三、外币对衍生产品市场运行的情况及特点

（一）外币对衍生产品交易显著活跃

2009年，银行间外币对衍生产品市场整体交易规模明显上升，全年成交折58.68亿美元，同比大幅上升351.0%。其中，外币对远期成交折19.63亿美元，同比增长280.4%；外币对掉期成交折39.05亿美元，同比增长397.5%。同时，外币对衍生产品市场在整个外币对市场中的交易比重从上年的2.1%提高到14.4%。

（二）外币对衍生产品市场运行的特点

外币对衍生产品市场交易量激增，市场集中度依然较高。2009年外币对衍生产品交易量成倍增长。与外币对即期市场的欧元/美元、美元/港元和美元/日元这三个主力货币对交易量大幅下降相反，外币对衍生产品市场的交易增长正是源于这三个货币对的交易增长。从参与交易的机构数量看，2009年达到47家，比2008年增加12家。但是从交易集中度来看，交易量排名前五位的机构的市场份额达到66%，与2008年相近，显示市场集中度依然较高，中小机构的市场份额还有待提升。

①贴水幅度=（每日美元兑人民币中间价－每日美元1年期掉期报价）×10 000。

四、金融衍生产品市场制度建设

（一）金融衍生产品主协议合并工作顺利完成

2009年3月11日，中国人民银行发布第4号公告，同意中国银行间市场交易商协会发布《中国银行间市场金融衍生产品交易主协议》（以下简称《主协议（2009年版）》）。《主协议（2009年版）》充分吸取了《中国银行间市场金融衍生产品交易主协议（2007年版）》和《全国银行间外汇市场人民币外汇衍生产品主协议》两份主协议的优点，在考虑中国市场的现实情况及发展需要并借鉴国际最新经验的基础上，确立了中国市场统一的场外金融衍生产品交易标准文本，解决了多个主协议并存可能给市场参与者造成的法律风险和文本风险，从而为我国场外金融衍生产品市场的进一步长足发展奠定了坚实的基础。

《主协议（2009年版）》发布后，中国银行间市场交易商协会组织市场参与者对《主协议（2009年版）》进行了集中讨论并召开了签署会议。根据中国人民银行[2009]第4号公告的有关要求，2009年3月16日至9月15日为新旧主协议过渡期。截至过渡期结束时，共有61家机构（其中包括8家非金融机构）完成270份《主协议》的签署备案手续；截至2009年12月底，共有86家金融机构签署了555份双边主协议。

（二）金融衍生产品交易的风险管理进一步加强

2009年7月31日，中国银监会发布了《关于进一步加强银行业金融机构与机构客户交易衍生产品风险管理的通知》，重点从以下几个方面对银行业金融机构衍生产品风险管理提出要求：一是要求制定或完善机构客户适合度评估制度，综合考虑产品分类和客户分类，对每笔衍生产品交易进行充分的适合度评估，并与有真实需求背景的机构客户叙做与其风险承受能力相适应的衍生产品交易。二是要求以清晰易懂、简明扼要的文字表述向机构客户进行衍生产品介绍和风险揭示，并取得机构客户的书面确认。应自主营销，不得与非境内注册机构雇佣的销售人员共同销售或变相共同销售，不得接受机构客户直接指定非境内注册的机构作为“背对背”平盘交易对手的衍生产品交易；不得误导销售，也不得将相关产品作为附加条件进行销售。三是要求及时向机构客户提供已交易的衍生产品的市场信息，定期对与机构客户交易的衍生产品进行市场重估，并向机构客户书面提供市场重估的结果。四是要求重视与机构客户交易衍生产品的风险管理工作，制定或完善相关的衍生产品交易信用风险管理制度，认真评估各交易业务环节中的风险点，包括关注“背对背”交易中的信用风险、法律风险及声誉风险等。五是要公平处理好“买者自负”与“卖者有责”的关系。机构客户与银行业金融机构进行衍生产品交易是其自主的市场行为，适用“买者自负”的原则。银行业金融机构作为相对成熟的市场参与主体，应始终遵循“卖者有责”的原则，承担起更多的社会责任及市场培育和投资者教育义务。

（三）人民币利率衍生产品定价基准进一步优化

2009年年初，为进一步确立Shibor的基准利率地位，中国外汇交易中心公布了《关于调整以Shibor为基准的利率互换报价品种的通知》，对以Shibor为基准的利率互换报价品种进行调整，删减Shibor（O/N）和Shibor（1W）的中长期报价品种，增加Shibor（3M）基准互换报价品种，调整后的利率互换报价品种共计28个，优化了以Shibor为基准的利率互换报价品种。

五、金融衍生产品市场发展展望

（一）积极稳妥地推进金融衍生产品市场制度创新和产品创新

当前，我国的金融衍生产品市场发展尚处于起步阶段，进一步发展市场和提升市场功能仍是第一要务，而任何一个市场的突破和发展必然依赖于市场的持续创新。这一方面要求积极推动市场制度创新，加快创新机制转变，考虑改变过去由行政主导的高度统一的创新模式，充分发挥以市场合理需求为依托的内生性市场创新机制的功能，逐步建立以市场为导向的、自下而上的创新机制；另一方面要求不断丰富衍生产品品种，特别是加强对期权产品和信用衍生产品等目前尚未推出的衍生产品的研究，总结国际金融市场衍生产品发展的经验、教训，明确与我国债券市场发展相适应的衍生产品发展方向，设计适合我国银行间市场具体情况的期权和信用衍生产品合约与交易机制并适时推出，为市场提供类型更加丰富的投资和风险管理工具。

（二）加快制定《银行间市场衍生产品管理办法》

目前，我国还没有专门针对场外金融衍生产品市场的一整套全面、系统的法律规范。现存关于场外金融衍生产品监管的规定分散于各个专门针对不同类型金融衍生产品的管理规定（或通知）之中。法律法规的分散和不系统的状况不利于金融衍生产品市场内生性产品创新机制的形成,不能够适应金融衍生产品市场持续发展的要求，尤其是无法有效应对具有跨市场、跨部门蔓延等特性的金融衍生产品风险。因此，下一步应有效整合涉及金融衍生产品的各类管理规定，建立全面的场外金融衍生产品市场监管法规体系，对市场交易行为进行全面规范管理，从而将场外金融衍生产品市场纳入统一的监管框架之中。

（三）积极扩大金融衍生产品市场参与主体

我国金融衍生产品市场一直面临交易主体比较单一的问题。在国际成熟市场上，场外金融衍生产品市场参与者包括投资银行、商业银行、基金、保险公司、其他投资者等，各类投资者所占的比例比较平衡。目前，我国银行间金融衍生产品市场的参与主体仍然是商业银行，其他机构参与不足，使得交易需求存在“趋同”现象，市场价格波动幅度较大，市场流动性有待进一步提高。在未来一段时期，应考虑把握在利率波动阶段市场成员避险需求增大的有利条件，做好银行间金融衍生产品市场宣传与投资者教育工作，吸引更多类型的金融机构参与银行间金融衍生产品市场。同时，各监管机构之间应做好协调工作，消除各类金融机构参与银行间金融衍生产品市场的制度性障碍。

专题四　境内外人民币对外币衍生产品的价格比较

目前，境外人民币对外币衍生产品主要有两类：一是境外人民币无本金交割远期（NDF），该产品主要在中国香港、新加坡、日本和中国台湾等亚洲国家与地区的场外市场进行交易；二是美国芝加哥商品交易所（CME）推出的人民币期货及期货期权，该产品为场内交易品种。境内人民币对外币衍生产品是指在中国外汇交易中心推出的外汇远期和掉期交易。虽然境内机构不得参与境外NDF市场的交易，两个市场处于相对隔离的状态，但近些年的发展表明，这两个市场紧密相连，相互影响程度日益增强，而且境外市场的交易规模也大于境内市场。一些国家货币的境外NDF交易经验显示，在市场存在强烈升(贬)值预期的情形下，境外NDF市场容易成为投机和波动的来源，引起一国外汇市场震荡，并降低一国中央银行货币政策和汇率政策的有效性。在中国资本账户逐步走向开放和人民币汇率形成机制进行市场化改革的进程中，中国外汇市场虽然取得了长足进展，但汇率缺乏弹性、参与主体不够、市场品种不多、交易规模不大，因而容易受到外部市场的冲击。从这个角度上讲，分析研究境外人民币对外币衍生产品的价格变化及其与境内价格的差异、境外人民币对外币衍生产品的发展经验等，对于促进中国外汇市场的健康发展具有重要意义。

由于美国芝加哥商品交易所的产品为期货标准合约、到期日固定、合约剩余时间随着时间的推移而变化，且交易不

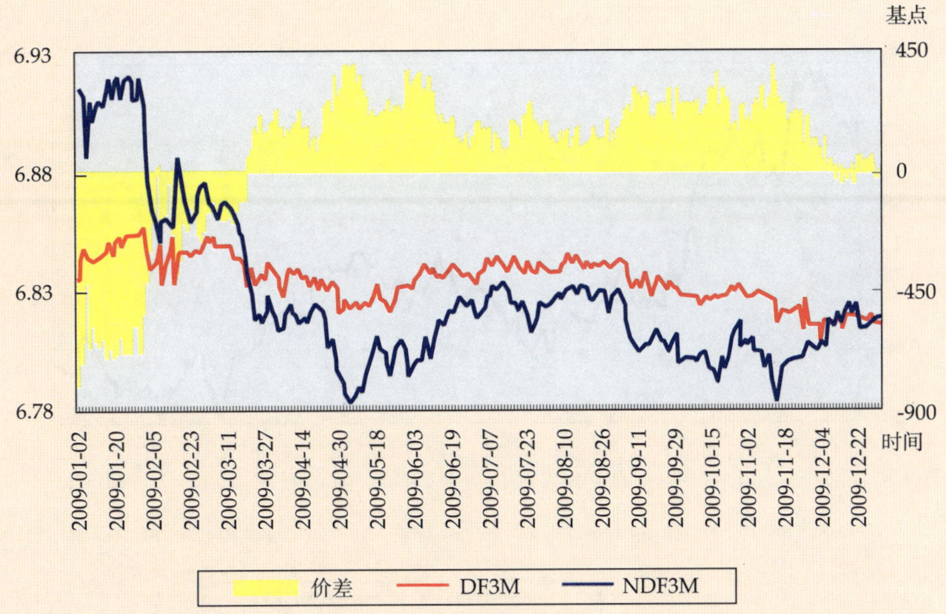

注：价差=(DF价格-NDF价格)×10000 ,3M表示3个月。

图8-7　2009年DF和NDF人民币3个月远期价格走势图

活跃，与其他品种缺少可比性，因此，本专题主要对境内人民币对美元远期（DF）价格与境外人民币对美元NDF的价格进行比较研究。以交易相对活跃的3个月期和1年期的NDF和DF价格（每日收盘价）为例，结合短期品种与长期品种，从价格差异、相关程度、拟合度及相互影响等四方面对境内外市场人民币衍生产品价格进行全面比较，并考察2009年境内外市场价格对比情况与往年的差别。

一、境内外人民币对美元衍生产品价差明显，但趋于缩小

2009年，DF和NDF人民币3个月远期价格和1年远期价格的走势及价差情况见图8-7和图8-8。境内外长短期品种的价格走势相似，但由于DF是基于真实贸易背景派生的外汇需求而产生的交易市场，而NDF市场则是以投机等交易性需求为主的市场，NDF价格波动幅度更大。2009年第一季度，DF价格在NDF价格之下，价差为负，其他时间DF价格基本在NDF价格之上，价差为正。因价差有正有负，以价差的绝对值来衡量两者的绝对差异，3个月期品种的日均价差为225个基点，1年期品种的日均价差为925个基点，价格差异较大，这主要是因为境外外汇市场与境内外汇市场尚未连通，缺少相关的套利机制。

价差的历史比较（见表8-1）则显示2009年境内外之间的价格差异趋于缩小。其中3个月远期价格差比上年大幅缩小52.59%，主要原因是2009年人民币即期中间价走势平稳，全年波幅仅有198个基点，促使境内外市场都预期人民币汇价短期内将保持平稳，人民币短期品种的衍生产品价格升贴水幅度则大幅收窄，使得境内外短期衍生产品价差明显缩小，长期品种受

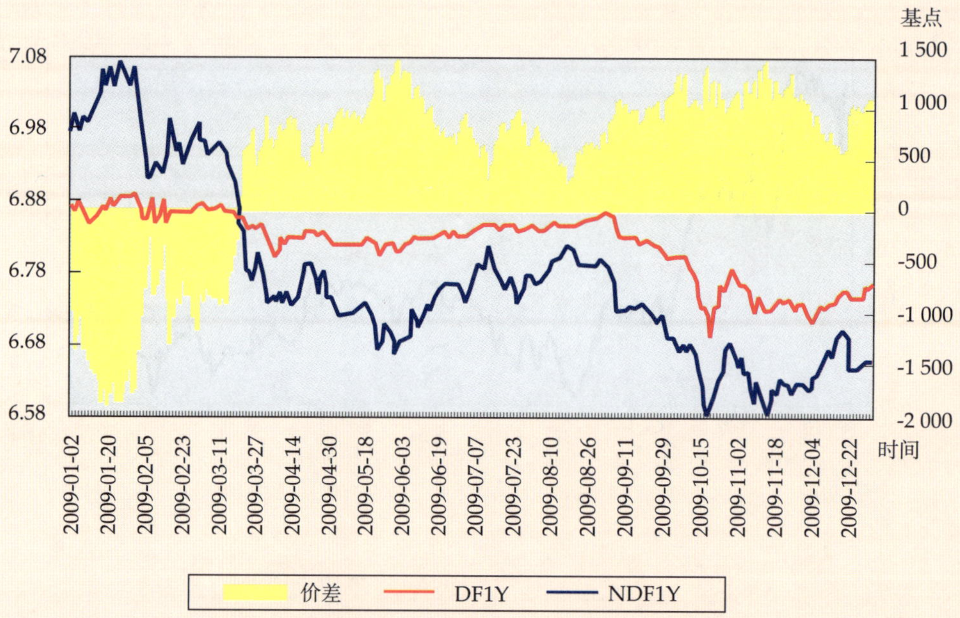

注：价差=(DF价格-NDF价格)×10 000，1Y表示1年。

图8-8 2009年DF和NDF人民币1年远期价格走势图

表8-1 境内外价差绝对值的纵向比较

品种 \ 价差(基点)	2008年	2009年	环比(%)
3个月期	475.38	225.38	-52.59
1年期	1 110.23	924.65	-16.72

此影响相对较小，价差缩小幅度也小些。

二、境内外市场价格呈强正相关，关联度比上年有所减弱

（一）境内外价格的60日滚动相关性分析

本专题以60日滚动相关性计算来动态分析境内外市场价格相关程度的变化情况，60日相当于3个月的交易日，可作为短期内两者价格相关性的度量指标。

两个期限品种的滚动性相关系数变化显示，在绝大部分时间，短期品种和长期品种价格的相关系数均高于0.5，呈较强正相关。1年期价格的滚动相关性相对稳定，相关程度也稍高些。3个月远期价格的滚动相关性则波动较大，特别是2009年年底时大幅下挫，甚至变为弱负相关。其主要原因是：2009年11月美国总统奥巴马访华并未涉及人民币汇率问题，12月，迪拜主权债务危机、希腊和西班牙主权信贷评级遭下调导致国际金融市场避险情绪有所增加，以及美国经济形势继续好转使市场对美联储升息预期升温等，这些因素推动美元从低点反弹，使得2009

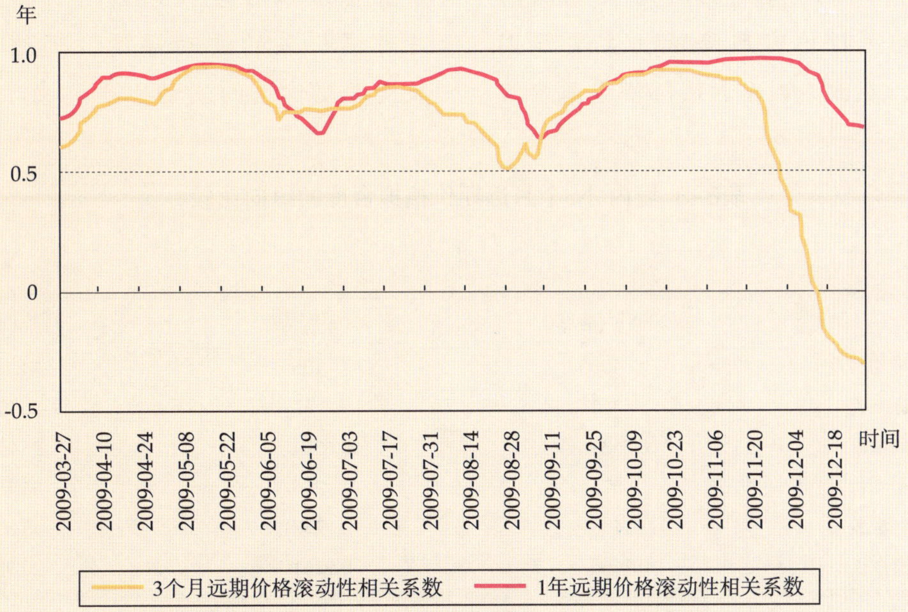

注：因不包含前60个交易日，时间从3月27日开始。

图8-9 60日滚动相关系数的走势

表8-2 DF与NDF远期价格的相关系数

期限品种	2009年	2008年	环比(%)
DF3M与NDF3M	0.731	0.821	-10.96
DF1Y与NDF1Y	0.836	0.948	-11.81

年年底境外市场对人民币短期内升值的预期明显减弱，NDF3个月远期价格明显上升，而同期DF3个月远期价格走势平稳，略有下行。

（二）整体相关性略有降低

2009年，NDF与DF的3个月及1年期远期价格间的相关系数计算结果见表8-2。3个月的NDF远期价格和DF远期价格之间的相关系数为0.731，依然呈强正相关，但比2008年降低了10.96%；NDF1年期与DF1年期远期价格的相关系数为0.836，比2008年降低了11.81%。

境内外市场的短期品种与长期品种价格间的相关性均有所降低，主要原因是2009年，在欧美国家和国际货币基金组织对人民币升值施加言论压力以及中国政府维持人民币兑美元汇率稳定的影响下，境内外市场对人民币汇率的预期不尽一致，相关性略有下降。

三、价格预测的准确性明显提高，且境内高于境外

为考察DF及NDF远期价格对人民币即期价格（中国外汇交易中心每日发布的人民币兑美元中间价）预测的准确程度，主要计算DF及NDF远期价格与人民币即期价格之差的绝对值，通过日均价差考察准确程度，通过每日价差的标准差考察价差的波动幅度，通过价差的离散度考察价差的波动比率。由于1年期远

表8-3 境内外3个月远期价格拟合度的纵向比较

项目 \ 时间		2008年(基点)	2009年(基点)	环比(%)
DF	平均价差	408	105	-74.26
	标准差	352	67	-80.97
	离散度	0.8631	0.6364	-26.27
NDF	平均价差	571	256	-55.17
	标准差	438	237	-45.89
	离散度	0.7660	0.9261	20.90

注：3个月远期价格需和3个月后的即期价格比较，比较时间截至2009年9月底。

表8-4 格兰杰原因概率的历史比较

单位：%

期限	格兰杰原因概率	2008年	2009年	环比
3个月期	NDF对DF	99.99	99.99	0
	DF对NDF	96.96	94.23	-2.82
1年期	NDF对DF	99.99	99.99	0
	DF对NDF	74.89	92.82	23.94

期价格需和1年后的人民币中间价比较，我们只计算了3个月期DF和NDF价格的拟合度比较情况，结果见表8-3。

计算结果显示，2009年境内外市场人民币远期价格对即期价格的预测能力均有明显提高，境外人民币远期价格预测的准确性提高55.22%，境内人民币远期价格预测的准确性更是大幅提高七成多；并且与往年境内外人民币远期价格的预测能力相当不同，2009年境内人民币远期价格预测的准确度明显高于境外人民币远期价格。随着境内外汇市场参与主体不断增多，交易规模不断扩大，市场深度和广度不断拓展，境内远期产品的价格预测能力也将日益增强。

四、价格继续相互影响，长期品种上境内价格的影响力增强

运用格兰杰因果检验(Granger Causality Tests)从统计上分析境内外市场价格间的相互影响情况。值得说明的是，计量分析采用的数据是每日收盘价，其结果并不能完全代表各市场参与者在实际定价过程中的相互影响关系。

计算结果显示（见表8-4），无论长期品种还是短期品种，境内外市场均以90%以上的概率互为格兰杰原因，但境外市场对境内市场影响的概率稍大些。相对而言，境外市场对境内市场在长期品种价格上的影响略强于短期品种，境内市场对境外市场在短期品种价格上的影响强于长期品种。历史比较则显示，境内长期品种价格的影响力明显增强。

第九章 基金市场

2009年，随着股票市场回暖，股票型基金高速发展，发行量大幅增加，资产净值大幅增长，而固定收益型基金遭到大规模赎回，基金份额和资产净值均大幅下降。基金市场的制度体系不断完善，对基金投资管理人员和基金评价机构的管理日趋规范。基金市场的金融创新持续进行，基金产品日趋丰富。指数基金、ETF和ETF联接基金快速发展，量化基金密集发行，国内合格机构投资者（QDII）专户理财和“一对多”专户理财正式启动。随着基金产品审核制度的逐步开放，基金的发行将继续保持高速，行业竞争更趋激烈，产品创新力度将不断加强，基金公司的业绩将进一步分化。

一、基金市场运行情况

截至2009年年末，共有557只证券投资基金，比上年年末净增加182只；基金份额达24 535.94亿份，比上年年末减少4.68%；基金资产净值合计26 760.80亿元，比上年年末增加38.02%。其中，开放式基金526只，资产净值合计25 518.97亿元，占全部基金资产净值的95.36%，份额规模合计23 591.33亿份，占全部基金份额规模的96.15%。封闭式基金31只，资产净值合计1 241.83亿元，占全部基金资产净值的4.64%，份额规模合计944.61亿份，占全部基金份额规模的3.85%。

截至2009年年末，股票型基金数量从313只增加至408只，增加95只；股票方向的新基金合计募集3 047.88亿份，但由于存量基

表9-1 2009年基金规模分类统计表

	总数	截止日份额(亿份)	截止日资产净值(亿元)	占比(%)
全部基金	557	24 535.94	26 760.80	100
分类1：				
开放式基金	526	23 591.33	25 518.97	95.36
封闭式基金	31	944.61	1 241.83	4.64
分类2：				
股票型基金	282	14 562.82	16 068.17	60.04
混合型基金	145	6 447.09	7 015.40	26.22
债券型基金	80	764.29	836.62	3.12
保本型基金	7	166.47	245.34	0.92
货币型基金	43	2 595.27	2 595.27	9.70

数据来源：Wind资讯。

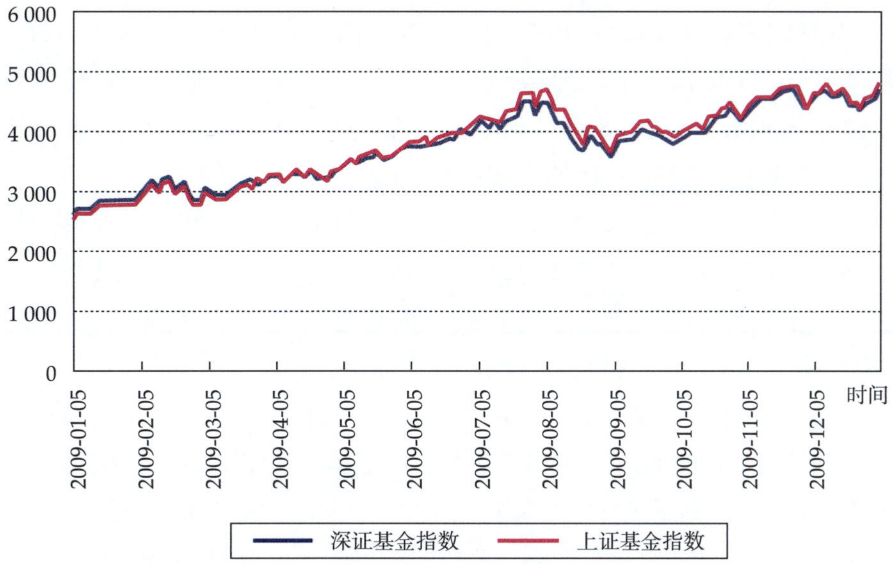

数据来源：Wind资讯。

图9-1 2009年基金指数变化情况

表9-2 银河三级分类基金业绩一览表

基金分类	应统计基金(只)	实际统计基金(只)	平均净值增长率(%)
封闭式基金	35	31	66.63
标准股票型基金	180	124	71.57
普通股票型基金	7	7	52.69
标准指数型基金	37	11	90.97
增强指数型基金	11	6	87.67
偏股型基金	72	72	64.56
灵活配置型基金	56	33	57.69
股债平衡型基金	13	12	48.50
偏债型基金	7	7	27.20
保本型基金	6	4	10.12
特殊策略混合型基金	6	5	47.06
长期标准债券型基金	5	3	1.71
中短标准债券型基金	1	1	0.65
普通债券型基金(一级)	64	35	4.73
普通债券型基金(二级)	53	24	5.83
货币市场基金(A级)	43	40	1.41
货币市场基金(B级)	18	11	1.54
QDII基金	9	9	57.48

数据来源：中国银河证券基金研究中心。

金份额遭受了大规模赎回，实际股票基金的份额分别净下降1 943.27亿份。股票基金资产净值从12 631.00亿元增长至21 893.33亿元，增长73.33%。在基金份额净下降的情况下，资产净值的大幅增长主要是由于股票价格上涨推动的。2009年，固定收益基金合计募集568.45亿份。但由于股市反弹，固定收益方向基金份额和资产净值均大幅度下降，其中，固定收益基金份额净下降2 227.01亿份，资产净值净下降2 226.31亿元。特别是货币市场基金份额遭受了大规模赎回，基金份额净下降了1 296.46亿份。

截至2009年年末，共有60家基金管理公司，比上年年末减少1家。其中，前10大基金管理公司管理了13 310.67亿元的基金资产，占全部基金管理公司管理的基金资产总额的49.74%，基金管理公司的集中度仍然保持较高水平，但较上年年末的50.41%略有下降。截至2009年年末，共有14家托管银行。其中，工商银行托管了166只基金，托管基金资产净值为7 829.99亿元，市场占比达29.26%，名列第一。建设银行托管了164只基金，托管基金资产净值6 633.95亿元，市场占比为24.79%，名列第二。工行、农行、中行、建行、交行5大国有商业银行合计托管了24 505.31亿元的基金资产，占全部基金资产的91.57%，继续保持垄断优势。

2009年，基金之间的业绩分化明显加大。在上半年单边上涨行情中，指数基金表现卓越。自下半年以来，市场出现了较大的调整和波动，主动管理型基金的优势明显。此外，指数型基金内部业绩也呈现分化，这主要是由跟踪标的、跟踪误差等因素产生的，其中，前者是首要原因。对主动管理型基金而言，业绩表现主要取决于基金大类资产配置、行业配置及个股选择。

二、基金市场运行的主要特点

（一）股票型基金占A股流通市值的比重下降

截至2009年年末，按照资产净值口径统计，408只股票型基金资产净值为21 893.33亿元，占A股流通市值的比例是14.65%。而2007年该比例为28.83%。这表明在股权分置改革后，由于市场流通股份大大增加，股票型基

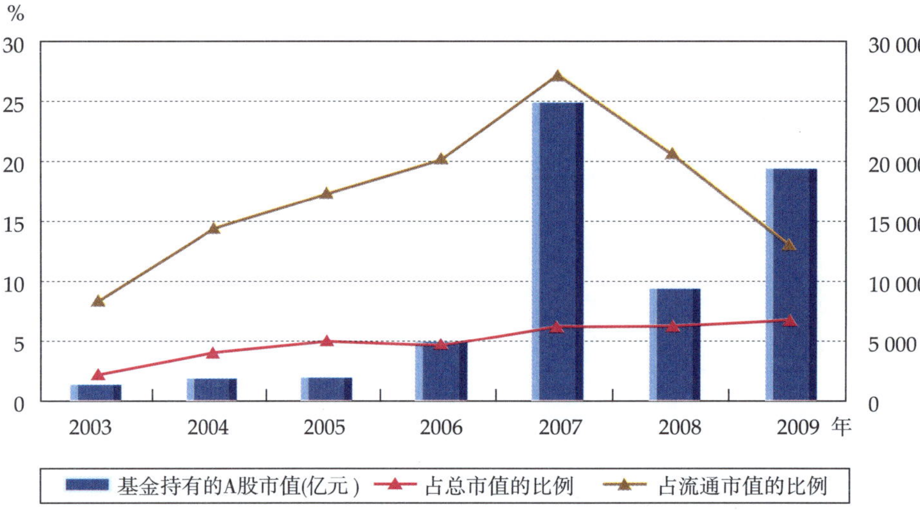

数据来源：Wind资讯。

图9-2 2003~2009年基金持有的A股市值占股票市值的比重变化情况

金对A股市场的影响力被削弱。同时，由于解冻的流通股大部分为大股东持有，真正进入A股市场流通的数量有限，因此，作为行为较一致的市场投资主体，基金的投资行为仍会对市场产生巨大影响。

表9-3 工具型基金产品与理财型基金产品

工具型基金产品	理财型基金产品
标准指数型基金	灵活配置型基金
增强指数型基金	股债平衡型基金
标准股票型基金	偏股型基金
标准债券型基金	偏债型基金
普通债券型基金（一级）	普通债券型基金（二级）

（二）工具型基金产品业绩突出

2009年基金行业规模的增长主要体现为工具型基金产品规模的增长。目前，中国基金产品向“工具型”和“理财型”两大体系分化。工具型基金产品旨在挖掘基金管理公司及基金经理团队的选股能力而淡化选时能力，把选时交给投资者或者投资顾问，主要包括风格鲜明的标准股票型基金、指数基金、债券基金等。理财型基金产品旨在为缺乏选时能力的投资者进行选时判断，同时也兼顾选股能力，主要包括混合基金中的股债平衡型基金、灵活配置型基金和偏股型基金等。从实践来看，理财型基金产品虽然兼顾选股与选时两大领域，但由于缺乏明确的目标而往往在选股与选时中徘徊，从而导致业绩一般或不尽如人意；而工具型基金产品通过专业化的投资研究体系，在选股方面作出超越市场业绩的概率较大。2009年，工具型基金产品中的标准指数型基金和增强指数型基金的平均业绩分别为90.97%和87.67%，市场表现最佳。理财型基金产品中表现最好的是偏股型基金和灵活配置型基金，平均业绩分别为64.56%和57.69%，业绩大幅度落后于大盘，规模出现大幅下降。

（三）指数型基金大规模增长

截至2009年年末，指数型基金的资产净值为3 408.20亿元，份额规模为3 075.46亿份，分别比上年年末增长243.22%和94.22%。在2009年全市场基金份额大幅减少的背景下，指数型基金呈现出一枝独秀的局面。与此同时，指数基金的跟踪标的更加多元化，上证中央企业50指数、上证公司治理指数、上证超大盘指数等都是第一次作为指数型基金的跟踪标的出现。

（四）基金产品日趋多元化

2009年，在基金产品设计上也有更多的尝试和创新，发行了创新型封闭式基金、交易型开放式指数基金（ETF）联接基金等，有效降低了投资者参与ETF交易的门槛。量化基金也获得较快发展，自2004年光大保德信量化核心基金和2005年上投摩根阿尔法基金发行后，四年来，量化基金在国内一直悄无声息。直到2009年，嘉实、中海、长盛、华商和富国等基金管理公司先后推出了自己的量化基金产品，进一步丰富了基金产品体系。

（五）可上市交易型基金快速发展

截至2009年年末，中国基金业共有2.3万亿元资产和6 000万投资者，其中，只有8%左右在交易所体系交易。2009年沪、深证券交易所的基金总交易金额为10 340亿元，仅相当于股票总交易金额535 987亿元的1.93%；而开放式基金申购、赎回金额达4.6万亿元。目前，开放式基金申购费是1.5%，赎回费是0.5%，交易成本在很大程度上减少了利润。同时，开放式基金还面临一个规模难以控制的问题，在市场繁荣时期，规模可以无限膨胀；一旦市场转入萧条，基金规模可能快速萎缩，这些都会对基金的投资运作带来极大的影响。相对来说，封闭式基金、ETF、LOF等产品的交易费用低，规模相对稳定。因此，2009年ETF和LOF（上市型开放式基金）等可上市交易型基金产品获得了快速发展。

三、基金市场制度建设

2009年，中国证监会为加强基金从业人员监管、规范基金投资行为、强化公平交易监管，防范利益输送、引导基金真正树立长期投资理念，先后颁布了《基金管理公司投资管理人员管理指导意见》、《证券投资基金评价业务管理暂行办法》以及配套的《基金经理注册登记规则》、《开放式证券投资基金销售费用管理办法》等法规，同时加强了对基金管理公司执行指导意见的现场检查力度，查处了一批涉嫌“老鼠仓”的基金经理。

（一）规范对基金经理的任职管理

2009年3月17日，中国证监会颁布了新修订的《基金管理公司投资管理人员管理指导意见》（以下简称《指导意见》），修订内容包括：（1）加强对基金经理的任职管理；（2）强化公平交易监管、严防利益输送等行为，强调基金管理公司应“公平对待基金和其他委托资产”；（3）加强对各类通信工具的管理等。同时，为了配合《指导意见》，中国证券业协会颁发了《基金经理注册登记规则》，细化了基金经理办理资格考试、登记注册的流程，明确规定了“短期内频繁变换任职单位”，是指最近两年内变换任职单位两次以上。

《指导意见》与《基金经理注册登记规则》的颁布，一方面规范了基金经理的任职管理，进一步加强了对基金管理公司投资管理人员的监管；另一方面，有利于防止由于基金公司的资产管理业务范围扩大，资产管理类型不断增加带来的利益输送和不公平交易，为加强风险控制、保护投资者利益提供了法律保障。

（二）加强对证券投资基金评价机构的业务管理

为了规范证券投资基金评价业务，引导证券投资基金的长期投资理念，保障基金投资者和相关当事人的合法权益，2009年11月6日，中国证监会正式颁布了《证券投资基金评价业务管理暂行办法》（以下简称《办法》）。《办法》规定：基金评价机构应注册成为中国证券业协会会员；基金评价机构进行基金评价需要有专业人员；有完善、系统的评价标准、方法以及严谨的业务规范。另外，还增加了一些禁止性规定，如不得对不同分类的基金进行合并评价；不得对同一分类中基金数量少于10只的基金进行评级或单一指标排名；不得对基金合同生效不足6个月的基金（货币市场基金除外）进行评奖或单一指标排名；对基金、基金管理人单一指标排名的更新间隔不得少于1个月；不得对特定客户资产管理计划进行评价，等等。

《办法》的颁布，一方面可以减轻基金评价机构鱼龙混杂、缺乏统一规范的问题，另一方面可以引导投资者更多地关注所投资基金的投资对象，而非其净值的短期波动。如引导投资者关注其投资对象是否真正建立起具有社会责任的企业价值标准，是否具备技术创新能力等，从而鼓励基金进行长期价值投资，并引导基金投资者进行长期投资，有利于发挥资本市场对经济结构调整的促进作用。

（三）规范开放式证券投资基金的销售费用管理

为维护开放式证券投资基金销售的市场秩序，保护开放式证券投资基金投资者的合法权益，促进行业的健康发展，2009年12月14日，中国证监会正式颁布了《开放式证券投资基金销售费用管理规定》（以下简称《管理规定》），并自2010年3月15日起施行。该《管理规定》主要包括以下内容：一是销售费用结构和水平与现行做法保持基本一致。二是鼓励后端收费模式，引导投资者长期投资。三是增列短期交易的赎回费，抑制短期交易。其中允许基金管理人自主选择对一周、一月内赎回的基金持有人设定较高的赎回费率标准，并将此类赎回费全额计入基金财产。四是规范了基金销售市场的秩序，禁止基金管理人向销售机构支付一次性奖励，允许基金管理人依据销售机构销售基金的保有量向基金销售机构支付客户维护费（尾随佣金），建立基金管理人与销售机构的共赢机制。五是进一步完善了基金销售的信息披露，要求基金管理人在基金半年报、年报中披露管理费中支付给销售机构的客户维护费总额。该《管理规定》的出台对基金业的完善与发展有十分重要的意义，它不仅可以在一定程度上抑制短期基金交易行为，还可以降低基金持有者的综合费率。

四、基金市场创新

（一）“QDII专户”理财业务启动

2009年3月9日，中国证监会下发《关于基金管理公司开展特定客户境外资产管理业务有关问题的回函》，以回复交银施罗德基金管理有限公司请示并抄送所有基金管理公司的形式，正式批准已有QDII资格和专户理财业务资格的基金管理公司利用可用外汇额度开展特定客户境外资产管理业务(以下简称QDII专户)，并明确了相关政策口径。明确规定QDII专户可以投资于允许QDII基金投资的金融产品或工具，但不需参照QDII基金中的有关投资比例、交易方式（如融资、卖空等）、交易对手资质等方面的限制。具体条款由资产管理人和资产委托人在资产管理合同中协商确定。随后，交银施罗德、工银瑞信基金管理公司率先递交QDII专户外汇额度申请并获得国家外汇管理局的批准。QDII专户业务的启动，为基金管理公司逐步提高境外资产管理能力，丰富专户理财产品开辟了新的通道。

（二）“一对多”产品正式开闸

2009年5月，中国证监会下发《关于基金管理公司开展特定多个客户资产管理业务有关问题的规定》，标志着基金管理公司的多个特定客户资产管理业务（简称“一对多”专户理财）正式启动。根据该规定，基金管理公司可向两个以上特定客户募集资金，或接受两个以上特定客户的财产委托担任资产管理人。该符合条件的特定客户委托投资单个资产管理计划的初始金额不低于100万元人民币。基金管理公司为多个客户办理特定资产管理业务，单个资产管理计划的委托人人数不得超过200人，客户委托的初始资产合计不得低于5 000万元人民币，中国证监会另有规定的除外。8月，中国证监会正式公布《基金管理公司特定多个客户资产管理合同内容与格式指引》（以下简称《指引》）并自2009年8月18日起施行。《指引》施行当日，已具有专户理财业务资格的基金管理公司纷纷向中国证监会备案募集计划，首批上报产品超过百只。截至12月底，据不完全统计，已有超过80只“一对多”专户理财产品发行成立，总规模超过100亿元。[①] “一对多”专户理财业务的开展是基金业务创新的重要一步，有利于逐步开辟和扩大机构理财市场，促进公募基金管理业务与专户理财业务相互协调发展，提升我国资产管理行业的综合实力，促进证券市场稳定发展。

（三）ETF产品竞相发行

2009年可谓是指数基金年，特别是ETF在沪、深证券交易所的大力支持下获得空前发展。ETF是近年来国际资产管理市场发展十分迅速的基金品种，正成为全球资产管理行业发展的重要趋势。而相比之下我国ETF产品才刚刚起步。自2004年华夏基金管理公司推出首只上证50ETF之后，市场仅在2006年再次推出4只ETF，指数包括沪、深证券交易所的代表性指数，即深证100指数、上证180指数、中小板指数和上证红利指数，此后ETF再无扩充。2009年，4只ETF顺利推出。其中，3只ETF的标的指数均为上海证券交易所联合中证指数公司新近推出的上证

表9-4 现有ETF一览表

基金简称	基金成立日	基金管理人
华夏上证50 ETF	2004-12-30	华夏基金管理有限公司
易方达深证100 ETF	2006-03-24	易方达基金管理有限公司
华安上证180 ETF	2006-04-13	华安基金管理有限公司
华夏中小板 ETF	2006-06-08	华夏基金管理有限公司
友邦华泰红利 ETF	2006-11-17	友邦华泰基金管理有限公司
工银上证中央企业50 ETF	2009-08-26	工银瑞信基金管理有限公司
交银施罗德上证180公司治理 ETF	2009-09-25	交银施罗德基金管理有限公司
南方深成 ETF	2009-12-04	南方基金管理有限公司
博时超大盘 ETF	2009-12-29	博时基金管理有限公司

数据来源：Wind资讯，交银施罗德基金管理有限公司整理，截至2009年12月31日。

①资料来源：《基金专户实现大跃进“一对多”总规模超百亿》，载《上海证券报》，2009-12-31。

系列指数，特别是上证180公司治理指数和上证中央企业50指数均为具有鲜明特色的主题指数，从而很好地丰富了ETF产品特色，为投资者提供了多样化的选择。

（四）ETF联接基金顺利推出

为引入更多的投资者参与ETF产品、活跃ETF市场，中国证监会于2009年5月正式下发《ETF联接基金审核指引》（以下简称《指引》），成为2009年基金创新的一大亮点。所谓ETF联接基金是指将绝大部分基金财产投资于跟踪同一标的指数的ETF，紧密跟踪标的指数的表现，追求跟踪偏离度和跟踪误差最小化，采用开放式运作方式的基金。根据《指引》的要求，ETF联接基金财产中，目标ETF资产净值不得低于基金资产净值的90%。同时，基金管理人和基金托管人不得对ETF联接基金财产中的ETF部分计提管理费和托管费，避免了基金双重收费的问题。ETF联接基金的推出，成功地引入银行渠道，降低了投资门槛，间接将银行客户引入了交易所市场。2009年8月，华安上证180 ETF联接基金和交银施罗德上证180公司治理指数ETF及其联接基金率先获得募集批复。其中，后者亦是基金市场第一只ETF与其联接基金同时募集的产品。此后，新发行的ETF均采用了与其联接基金同时募集的发行方式。截至2009年年底，除上述两只联接基金外，还有易方达深证100 ETF联接基金、南方深成ETF联接基金和博时超大盘ETF联接基金问世并成功募集。

（五）结构化分级基金不断丰富

自2007年第一只结构化分级基金产品——国投瑞银瑞福分级股票型基金发行以来，结构化分级基金一直受到市场的关注。经过两年的发展，2009年又有两只结构化分级基金面世，基金产品结构的设计更加成熟，获得了市场的欢迎。2009年5月，长盛同庆可分离交易股票型基金率先问世，一经推出，即受到个人和机构客户的热捧，一天之内结束募集，募集金额达到146.87亿元。该基金为一只封闭运作的主动管理型股票基金，其最大特点在于将投资者认购的基金份额按照一定比例进行了结构化自动分离，分离后两类基金份额具有不同的风险与收益特征，一类基金份额具有固定收益类产品稳定预期收益的特点，另一类基金份额则通过杠杆机制将收益和风险放大，自动分离后的两类基金份额在交易所分别进行上市交易，这样一只基金产品满足了投资者不同的风险收益和流动性偏好需求。2009年9月，国投瑞

表9-5 2009年联接基金募集情况

单位：亿元

基金简称	基金成立日	募集金额
华安上证180 ETF联接基金	2009年9月29日	11.25
交银施罗德上证180公司治理ETF联接基金	2009年9月29日	70.90
易方达深证100 ETF联接基金	2009年12月1日	189.25
南方深证成份ETF联接基金	2009年12月9日	32.72
博时上证超级大盘ETF联接基金	2009年12月29日	19.06

数据来源：Wind资讯，交银施罗德基金管理有限公司整理。

银瑞和沪深300指数分级证券投资基金正式推出，产品延续了国投瑞银瑞福基金的分级理念，但在分级方法、机制设计、投资方法上作了更有突破性的尝试，产品最终成功募集32亿份。

（六）量化基金密集发行

自2004年8月光大保德信基金管理公司发行设立量化核心基金和2005年上投摩根阿尔法基金发行以来，在随后的近四年时间里，量化基金的发行一直处于停滞状态。2009年，富国、嘉实、中海等基金管理公司先后推出量化基金，其中，富国基金管理公司推出了国内首只采取数量化投资方式进行主动增强的沪深300指数基金，使得国内量化基金数量达到6只。同时，越来越多的基金经理开始使用量化模型进行选股和资产配置，甚至据此进行择时交易和仓位控制。量化基金与主动型基金的最大区别在于将定性研究的理论通过数量模型演绎出来，借助计算机强大的信息处理能力，全范围地筛选符合“标准”的股票，避免投资“盲点”的产生，最大限度地捕捉“标准”的投资对象。通过量化模型，定量投资能够避免基金经理的情绪、偏好等对投资组合的干扰，精确地反映基金管理人的投资思想，最大限度地实现理性投资。量化投资方法可以广泛应用在整个投资流程中，从自上而下的资产配置、行业配置、风格配置，到自下而上的数量化选股等。目前，多家基金管理公司正加紧对量化基金的研发，相信2010年将有更多量化产品推出。

五、基金市场发展展望

（一）加强基金监管、打击内幕交易的力度将加大

中国证监会在2009年10月召开的基金业第32次联席会议中强调，未来在基金监管方面将重点做好以下四项工作：一是强化基金公司合规管理，切实把保护投资者的合法权益落到实处。二是着力提升发展质量，增强行业的核心竞争能力。三是积极稳妥开展创新工作，促进行业又好又快发展。四是进一步强化服务和监管，创造有利于行业发展的市场环境，努力将我国基金业建设成为“专业精良、治理完善、诚信合规、运作稳健”的现代资产管理行业。保护投资者的合法权益是基金业的生命线，是基金业能否持续、健康发展的根本。中国证监会明确指出，任何机构和个人都不能触犯“老鼠仓”、非公平交易和各种形式的利益输送这三条底线。2009年中国证监会“打黑”行动卓有成效，一年里查出四例“老鼠仓”。未来，相信监管层将进一步加强监管，坚定打击内幕交易，确保基金行业健康发展。

（二）基金发行提速，行业竞争更趋激烈

2009年是行业新基金发行最为火暴的一年，超过百只的发行数量刷新了历史纪录。进入2010年，在新的基金产品分类审核制度下，部分成熟产品的审核程序将进一步简化，除创新产品、复杂产品外，成熟产品不再组织境外专家进行评审。对于其他公募基金，除重大创新产品外，原则上也不再组织

专家评审会。新基金更加市场化的发行将使得基金公司对销售渠道的竞争更为激烈，大银行将进一步提高佣金要求。而掌握优质销售渠道的具有品牌影响力的大基金公司往往占据优势，规模扩张更加迅速。与此同时，自2010年起，监管部门原则上将不再允许基金在开始募集后延长募集期限。规模较小的基金公司申报产品必然更加谨慎，需根据自身的销售能力、渠道档期合理安排基金发行。在此背景下，未来大小基金公司的规模差距可能进一步扩大，中等规模基金公司的竞争更趋白热化，行业集中度可能进一步加强。而小基金公司如何根据自己的特点，发挥比较优势，树立自己与众不同的品牌对公司未来的持续发展非常重要。

（三）基金产品创新的动力和空间更大，产品差异化更趋明显

自2009年以来，中国证监会着力推动基金业创新发展，基金行业在专户理财业务开拓和公募基金创新方面均取得了不俗的成绩，基金产品日趋丰富，产品差异化趋势明显。在中国证监会、沪深证券交易所的大力支持下，基金公司还引入了国际主要指数，如道琼斯指数、标准普尔500指数、恒生指数等，开发了跨境ETF、LOF等产品，部分基金管理公司正在积极探索海外募集资金投资A股试点，分级型基金、量化基金产品的创新进一步深化。中国证监会明确指出，积极稳妥开展创新工作，促进行业又好又快发展是未来基金监管的重要方面。同时，随着2010年以市场为导向的基金产品分类审核制度正式启动、基金行业的竞争加剧，产品创新的压力和动力将随之加大。而股指期货、融资融券也将在2010年正式推出，必将为基金产品创新提供更大的空间，更多差异化产品值得期待。

（四）行业流动性高，人才缺口加大

基金业属于人力资本密集型行业，而行业长期以来一直面临人才建设和储备问题。随着行业进入高速扩张期，市场竞争日趋激烈，人才已进入高流动阶段。一方面，由于当前公募基金受股权结构和激励机制等制度的限制，高级管理人员和优秀投资研究人员流动频繁，特别是“明星”基金经理加速转投私募基金更引起社会关注。另一方面，随着QDII和专户理财等新业务的不断发展，以及基金管理公司的不断扩充，行业对投资研究、营运、交易、营销等各个环节的人才需求都在大幅增加，特别是具有海外投资管理经验的人员更是稀缺，人才缺口较以往更为突出。2009年3月，监管部门出台了《基金管理公司投资管理人员管理指导意见》，从制度层面上对基金经理的短期流动作出了一定限制。但基金公司如何从根本上建立有效的人才培养体制和激励机制仍将长期困扰行业的持续健康发展。2010年，探索建立更为有效的人才梯队和留住优秀人才的激励约束机制必将成为各基金公司最重要的工作之一。

第十章　理财产品市场

一、商业银行的个人理财产品市场

2009 年，31 家样本商业银行[①]共发行商业银行个人理财产品（以下简称银行理财产品）6 662 期，同比减少 14.3%；募集资金总额为 31 957.2 亿元，同比增长 38.6%。

（一）银行人民币理财产品运行情况

2009 年，31 家样本商业银行共发行银行人民币理财产品（以下简称人民币理财产品）5 698 期，同比减少 1.3%，募集资金 31 294 亿元，同比增长 47.2%。

1. 类型分布情况

2009 年，普通类人民币理财产品和结构类人民币理财产品的发行期数分别为 4 854 期和 844 期，分别占人民币理财产品发行总期数的 85.2% 和 14.8%；募集资金量分别为 25 072.2 亿元和 6 221.8 亿元，分别占人民币理财产品募集资金总量的 80.1% 和 19.9%，同比分别增长了 22.1% 和 763%。

2. 期限结构情况

2009 年，6 个月内（含 6 个月）品种的发行规模最大，其次是 6～12 个月（含 12 个月）和 12～24 个月（含 24 个月），募集资金量分别为 27 339.9 亿元、1 650.2 亿元和 1 367.4 亿元，分别占人民币理财产品募集资金量的 87.4%、5.3% 和 4.4%。

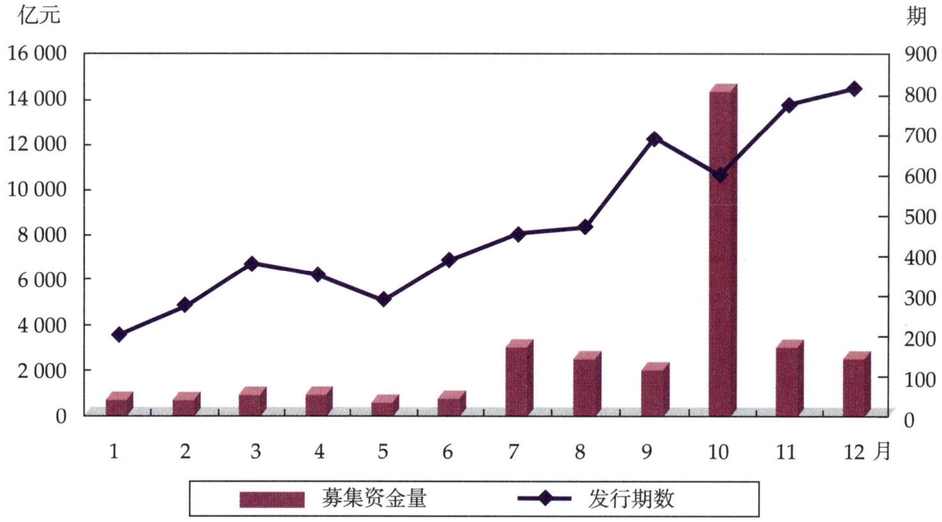

数据来源：中国人民银行上海总部。

图10-1　2009年人民币理财产品逐月发行情况

①本报告所统计的银行理财产品数据来源于 31 家商业银行，具体是：工行、农行、中行、建行、交行、华夏银行、中信银行、光大银行、广东发展银行、深圳发展银行、招商银行、浦发银行、兴业银行、民生银行、北京银行、上海银行、厦门银行、深圳平安银行、南京银行、宁波银行、徽商银行、恒丰银行、浙商银行、汇丰银行、渣打银行、花旗银行、东亚银行、荷兰银行、恒生银行、华侨银行和德意志银行（排名不分先后）。

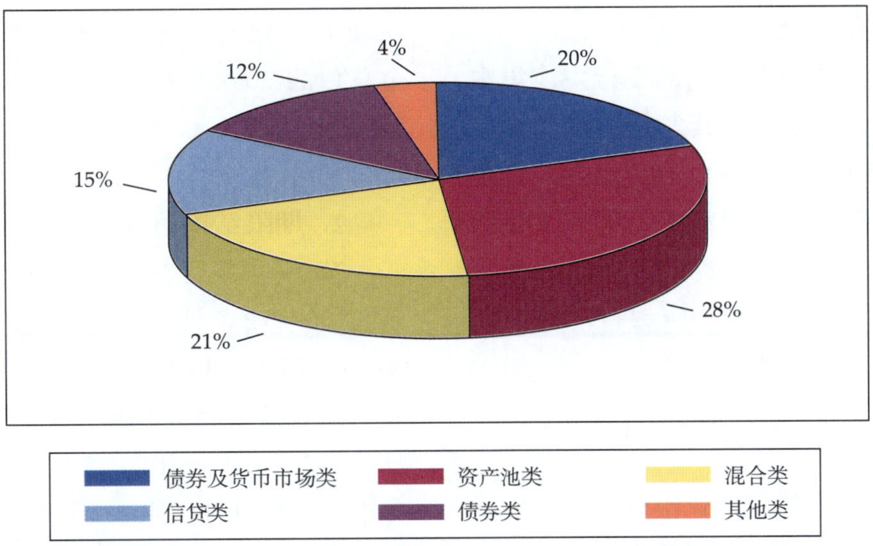

数据来源：中国人民银行上海总部。

图10-2 2009年人民币理财产品主要投资方向募集资金量的占比情况

3. 投资方向情况

2009年，资产池类、混合类和债券及货币市场类人民币理财产品的募集资金量占比较高，分别为8 792.1亿元、6 482.8亿元和6 298.2亿元，分别占人民币理财产品募集资金总量的28%、21%和20%。

4. 收益率情况

2009年，各期限品种人民币理财产品的实际收益率平均水平均低于预期收益率，其中，24～36个月（含36个月）品种的表现最为明显，预期收益率和实际收益率的平均水平分别为6.77%和0.08%，两者相差669个基点。

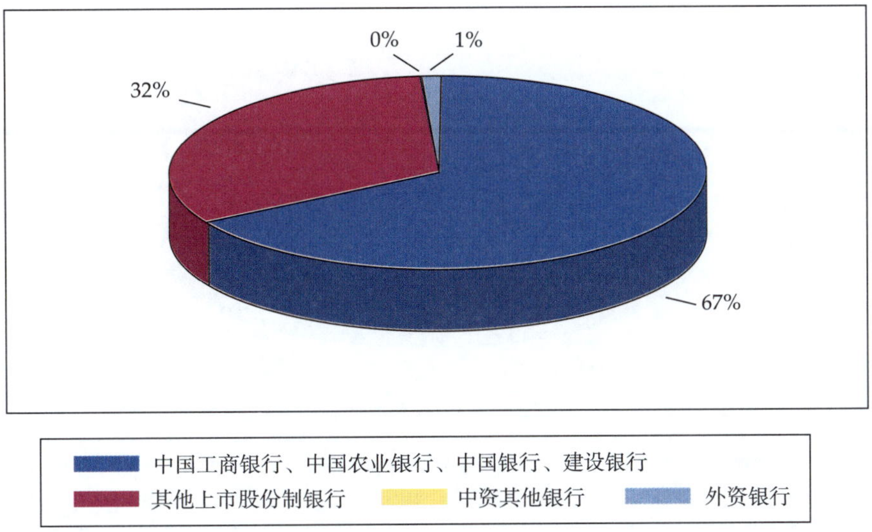

数据来源：中国人民银行上海总部。

图10-3 2009年各类型商业银行发行的人民币理财产品募集资金量占比情况

5. 发行主体情况

2009 年，人民币理财产品发行主体集中在中资上市股份制银行，其发行期数和募集资金量分别为 5 015 期和 30 919.7 亿元，分别占人民币理财产品发行期数和募集资金总量的 88% 和 98.8%，募集资金量同比增长了 52.8%。其他中资银行和外资银行的募集资金量分别为 76.3 亿元和 298 亿元。

（二）银行外币理财产品运行情况

2009 年，31 家样本商业银行共发行银行外币理财产品（以下简称外币理财产品）964 期，同比减少 52.5%，募集资金量 663 亿元，同比减少 63%。

1. 类型分布情况

2009 年，普通类外币理财产品和结构类外币理财产品的发行期数分别为 613 期和 351 期，分别占外币理财产品发行总期数的 63.6% 和 36.4%；募集资金量分别为 509.3 亿元和 154 亿元，分别占外币理财产品募集资金总量的 76.8% 和 23.2%，同比分别减少了 31% 和 585%。

2. 期限结构情况

2009 年发行的外币理财产品包括 6 个月以内、6 ~ 12 个月、12 ~ 24 个月、24 ~ 36 个月和 36 个月 5 个品种。其中，6 个月内（含 6 个月）品种的发行规模最大，其次是 6 ~ 12 个月（含 12 个月）和 12 ~ 24 个月（含 24 个月），募集资金量分别为 454.1 亿元、140 亿元和 54 亿元，分别占外币理财产品募集资金总量的 68.5%、21.1% 和 8.1%。

3. 投资方向情况

2009 年，债券类、同业拆借类和其他类（具体方向未披露）外币理财产品的募集资金量占比较高，分别为 111.5 亿元、139.7 亿元和 335.7 亿元，分别占同期外币理财产品募集资金总量的 17%、21% 和 51%。

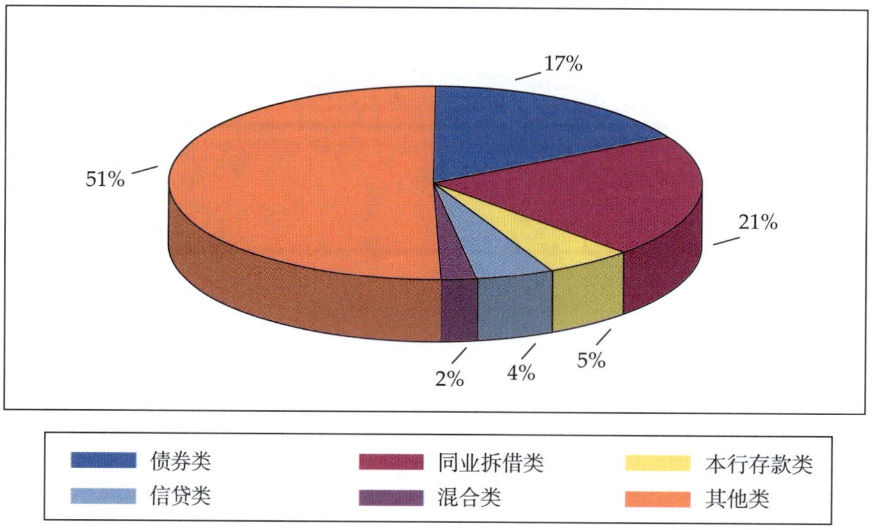

数据来源：中国人民银行上海总部。

图10-4 2009年外币理财产品各投资方向募集资金量的占比情况

4. 投资币种情况

2009年，外币理财产品主要投资于美元和澳元，相应的募集资金量分别为441.4亿元和114.8亿元，分别占外币理财产品募集资金总量的66.6%和17.3%；其他依次是欧元和港元，募集资金量分别为59.4亿元和30.5亿元，分别占外币理财产品募集资金总量的9%和4.6%。

5. 收益率情况

2009年，各期限品种外币理财产品的实际收益率平均水平均低于预期收益率，其中，12～24个月（含24个月）品种的表现最为明显，预期收益率和实际收益率平均水平分别为3.19%和0.96%，相差223个基点。

6. 发行主体情况

2009年，外币理财产品发行主体集中在中资上市股份制银行，其发行期数和募集资金量分别为692期和598.4亿元，分别占同期外币理财产品发行期数和募集资金总量的71.8%和90%，募集资金量同比减少了799.6亿元。其他中资银行和外资银行的募集资金量分别为4.8亿元和60亿元。

（三）银行理财产品运行的主要特点

1. 人民币理财产品发行量创历史新高，外币理财产品发行量萎缩

2009年，人民币理财产品发行速度明显加快，募集资金总量达3.1万亿元，创历史新高，同比增长47.2%。同时，外币理财产品发行速度明显放缓，募集资金量为663亿元，同比减少63%，仅占当年银行理财产品募集资金总量的2%。主要原因是受金融危机的影响，在外币理财产品中占据主导地位的结构类理财产品不断出现负收益，有关监管部门对该类产品的发行审批更加严格，使其规模同比下降。

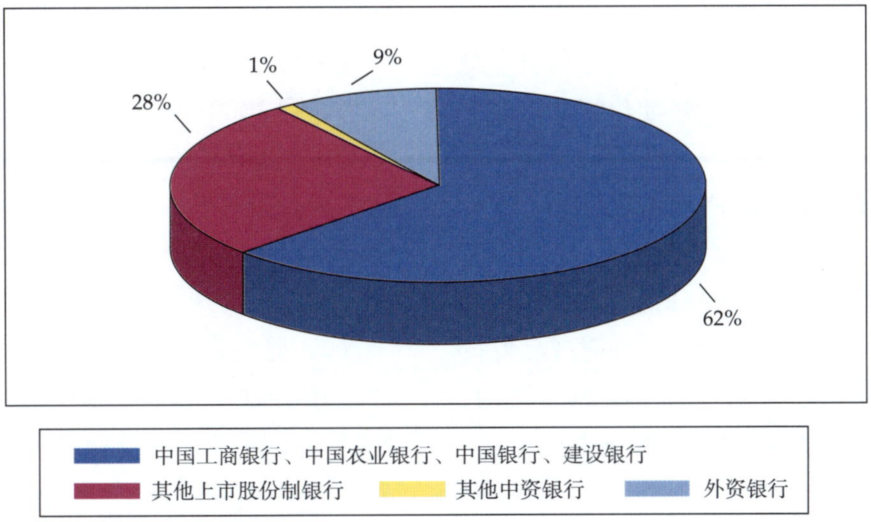

数据来源：中国人民银行上海总部。

图10-5 2009年各类型商业银行发行的外币理财产品募集资金量占比情况

2. 信托类人民币理财产品募集资金量大幅增长

2009年，信托类人民币理财产品发行速度明显加快。从季度看，各季度的募集资金量分别为1 177.6亿元、1 293.7亿元、1 979亿元和8 756.6亿元，呈逐季增加的趋势。其中，第四季度信托类人民币理财产品的发行量环比增长3.4倍。从月度看，10月信托类人民币理财产品发行量居于首位，当月募集资金量为6 931.3亿元，占当年信托类人民币理财产品募集资金总量的52.5%。出现上述现象的主要原因是随着监管部门在下半年对银行新增贷款的控制以及银行自身受资本充足率等核心指标的约束，商业银行的放贷受到抑制，但市场对资金的需求仍然旺盛，且银行的流动性资金需求也不断增强，使得信托类理财产品的发行速度不断加快，发行规模随之增长。

3. 期限结构短期化特征明显

2009年，银行理财产品的发行期限主要集中在6个月内（含6个月），当年募集资金量为27 794亿元，占同期银行理财产品募集资金总量的87.8%，期限结构呈现短期化特征。

4. 浮动收益类理财产品占比较高

2009年，浮动收益类理财产品占比较高，发行期数和募集资金量分别为4 914期和19 607.4亿元，分别占同期银行理财产品发行期数和募集资金总量的73.8%和61.4%。其中，人民币理财产品以非保本浮动收益类为主，募集资金量为19 160.3亿元；外币理财产品以保本浮动收益类为主，募集资金量为447.1亿元。

5. 中资银行以普通类产品为主，外资银行以结构类产品为主

2009年，中资银行主要以发行普通类人民币理财产品为主，募集资金量为25 577.4亿元，占中资银行的人民币理财产品募集资金总量的82.5%。外资银行基于其业务综合性、跨领域的特征以及丰富的海外投资经验和人才方面的优势，以发行结构类人民币理财产品为主，募集资金量为294.4亿元，占外资银行的人民币理财产品募集资金总量的98.8%。

二、证券公司集合资产管理计划市场

（一）证券公司集合资产管理计划运行情况

1. 发行规模情况

2009年，30家证券公司共发行证券公司集合资产管理计划（以下简称集合资产管理计划）46期，同比增长130%，募集资金量632亿元，同比增长277%。

集合资产管理计划自2005年第一期问世以来，到2009年年末累计发行79期，募集资金量共计1 158.66亿元。截至2009年年末，未到期集合资产管理计划共有76期，总份额为921.9亿份。

2. 类型分布情况

2009年，非限定类集合资产管理计划的发行占比较高，发行期数和募集资金量分别为30期和339亿元，分别占集合资产管理计划发行期数和募集资金量的65%和53.6%，同比分别增长290%和132%。

截至2009年年末，在未到期集合资产管理计划中，非限定类的规模占比仍然较高，其期数和份额分别为55期和609.9亿份，分别占同期未到期集合资产管理计划期数和份额的72.4%和66%。

3. 期限结构情况

2009年，集合资产管理计划的发行期限主要有5年、8年和8年以上三个品种，其中，5年和8年期品种较多，当年募集资金量分别为233亿元和163.6亿元，分别占集合资产管理计划募集资金总量的36.9%和25.9%。

4. 投资方向情况

2009年，债券型和混合型集合资产管理计划的募集资金量占比较高，分别为240.51亿元和223.15亿元，分别占同期集合资产管理计划募集资金总量的38.1%和35.3%；其他依次是FOF型和股票型，募集资金量分别为100.53亿元和65.2亿元。

5. 净值情况

2009年，混合类集合资产管理计划的平均单位净值增长率最高，为3.7%；其次是股票类和FOF类，平均单位净值增长率分别为1.1%和1%；债券类偏低，平均单位净值增长率为0.7%。

6. 发行人和管理人的情况

2009年，具有集合资产管理计划发行和管理资格的证券公司有32家。其中，有30家证券公司发行了集合资产管理计划，同比增加了19家，且所有集合资产管理计划均由发行人管理。光大证券公司、中信证券公司和华泰证券公司的募集资金量位居前列，分别为93.4亿元、77.3亿元和68.7亿元，分别占集合资产管理计划募集资金总量的14.8%、12.2%和10.9%。截至2009年年末，华泰证券公司、光大证券公司和中信证券公司的份额数量位居前列，分别为131.2亿份、110.3亿份和102.2亿份，三家份额合计占集合资产管理计划总份额的37.3%。

7. 托管人情况

2009年，具有集合资产管理计划托管资格的商业银行有17家，其中，有11家商业银行开展了集合资产管理计划托管业务，同比增加了4家。截至2009年年末，建设银行、招商银行和交通银行的托管量位居前列，分别为155.4亿元、138.4亿元和129.4亿元，分别占集合资产管理计划募集资金总量的24.6%、21.9%和20.5%。

（二）证券公司集合资产管理计划运行的主要特点

1. 发行规模创历史新高

2009年，集合资产管理计划规模迅速扩大，发行期数和募集资金量均创历史新高，同比分别增长了1.9倍和2.8倍，比2005年集合资产管理计划发展之初分别增长了14.3倍和11.5倍，呈跨越性增长态势。

2. 期限结构呈中长期化趋势

2009年，集合资产管理计划的发行期限主要集中在5年、8年和8年以上这三个中长期品种，三个品种的募集资金总量占同期集合资产管理计划募集资金总量的82.6%。从历年趋势看，集合资产管理计划的期限品种逐年丰富，且逐渐向中长期端延伸：2005年发行的集合资产管理计划集中在3年期品种，2006年增加了5年期和6年期品种，2007年增加了7年期品种，2008年增加了2年期

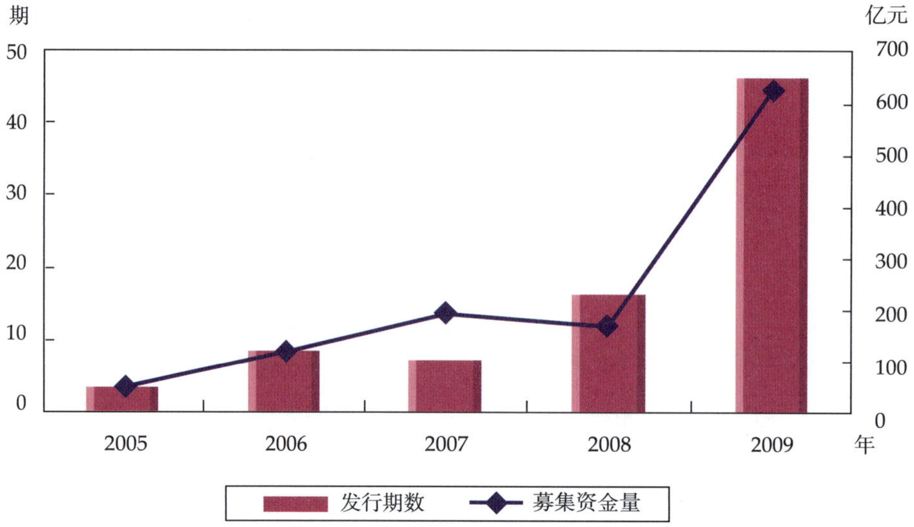

数据来源：财汇资讯。

图10–6 集合资产管理计划的发行规模逐年变化情况

和10年期品种，2009年增加了8年期和20年期品种，5年期以上中期品种的募集资金总量占同期集合资产管理计划募集资金总量的88.1%。

3. 混合型和债券型集合资产管理计划发展迅速

2009年，混合型和债券型集合资产管理计划的募集资金量占比较高，分别占集合资产管理计划募集资金总量的38.1%和35.3%，同比分别增长了1.5倍和10.4倍；FOF型集合资产管理计划规模也增长较快，其募集资金量占比为15.9%，同比增长了1.1倍。相对而言，股票型集合资产管理计划所募集资金占比则呈下降态势，2009年募集资金占比为2.42%，与2008年基本持平，明显低于2007年21.3%的占比；QDII型集合资产管理计划在2009年没有新增量，货币型集合资产管理计划自2007年以后没有新增量。

4. 发行人、管理人和托管人的数量和类型不断丰富

2009年，集合资产管理计划发行规模迅速扩大，参与发行和管理的证券公司数量大幅增加，从2005年市场发展之初的3家增加到2009年的32家。同时，开展集合资产管理计划托管业务的商业银行也在增多，托管人的数量从2005年仅有2家发展到2009年年末的11家。

三、信托理财产品市场

（一）信托理财产品运行情况

1. 发行规模情况

2009年，新增集合资金信托计划较去年同期大幅增长，单一资金信托计划增量小幅下降。截至2009年12月31日，样本信托公司共设立集合资金信托计划387只，同比增加69只，募集资金832亿元，同比增长52%；共设立单一资金信托计划1 505只，同比减少527只，募集资金4 073.8亿元，同比下降20%。

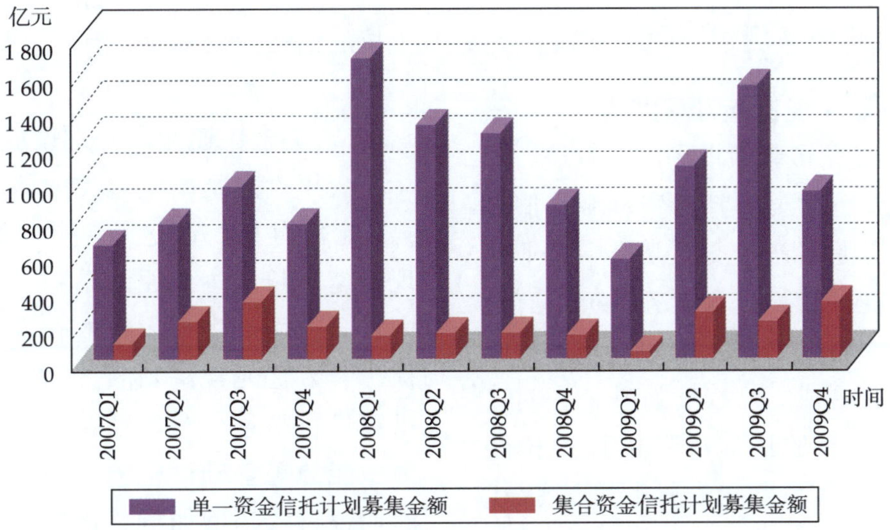

注：Q1表示第一季度，Q2表示第二季度，Q3表示第三季度，Q4表示第四季度。
数据来源：中国人民银行上海总部。

图10-7 信托理财产品募集资金规模

2. 期限结构情况

随着经济形势的好转，金融市场出现反弹，投资者的投资意愿有所增强，信托理财产品期限较上年同期延长。其中，单一资金信托产品的平均期限为1.91年，同比增加1.14年，集合资金信托产品的平均期限为2.67年，同比增加1.42年。

3. 预期收益率情况

2009年,集合资金信托产品的平均预期收益率为7.2%。单一资金信托产品的平均预期收益率为4.65%。上半年，在适度宽松的货币政策作用下，信托理财产品的预期收益率随之下降。第三季度，由于商业银行新增贷款放缓，市场对信贷增量能否继续维持快速增长存有疑虑，通过信托理财产品融资的利率水平开始上升。

4. 资金运用结构

2009年，信托理财产品的资金运用方式主要是贷款，与上年相比，信贷资产转让和组合投资等投资方式增长较快。单一资金信托产品的资金运用方式主要是贷款、信贷资产转让、组合投资、股权投资，对应规模分别是1 871.7亿元、602.3亿元、585.9亿元和462.7亿元，占比分别为48%、16%、15%和12%。集合资金信托产品的资金运用方式主要是证券投资，全年发行证券类信托集合计划的规模为442.7亿元，占比为53%，同比增长25个百分点。其余为贷款、股权投资和组合投资，其中，组合投资大幅增长。

5. 行业投向结构

单一信托资金主要投向金融业、基础设施和工商企业，其中，投向金融业1 510亿元、基础设施1 367亿元、工商企业851亿元、房地产业340亿元。集合信托资金主要投向金融业与房地产业，其余依次为基础设施和工商企业。其中，投向金融业的资金规模为488亿元，同比增长69%；投向房地产业的资金规模为215亿元，同比增长40%。投向基础设施和工商企业的资金规模分别为62.5亿元和60亿元，分别增长了101%和58%。

（二）信托理财市场运行的主要特点

1．业务创新呈现良性发展态势

2009年信托公司紧跟市场需求发展，不断创新理财产品，主要包括投资领域、服务对象创新，尤其是对产权交易基金、企业年金、TOT（信托的信托）等业务进行了有益的尝试和探索。首先，在并购融资及产权交易方面，信托公司成立产权交易基金，对产权交易所上市交易的优质项目进行过桥融资及直接股权投资，既为普通投资者提供了参与产权交易的渠道，也有助于并购交易和产权转让融资渠道的多元化。其次，有序开拓企业年金管理业务领域。信托公司作为企业年金的受托人，利用自身优势管理企业年金，能够有效将受益人的权益与企业进行隔离，有利于提高年金的安全性和独立性。最后，在TOT产品创新方面，主要是将信托资金投资于多个具有不同操作风格和投资理念的资金信托计划。相对目前确定资金投向的信托产品而言，TOT能够扩大投资范围，实现投资的组合，增强产品的抗风险能力，有利于提高风险调整后的收益水平。

2．贷款类信托产品发行规模创新高

贷款类信托产品主要集中在单一资金信托计划，主要的委托方是商业银行，商业银行通过发行理财产品募集资金，继而通过信托渠道对客户发放贷款。第三季度，贷款类信托计划共募集资金805.1亿元，创下近两年来的最高纪录。商业银行的资本金约束以及风险控制要求，促使贷款增速在下半年开始减缓，于是一部分贷款需求转移到信托理财市场，导致贷款类信托产品快速增长。从资金信托的规模来看，最大的信托合同是贷款类产品，规模达到100亿元，从规模排名前十位的信托计划来看，有6只是贷款类产品。

3．资金快速流向基础设施产业

全年投向基础设施类的信托产品有321只，金额为1 367.4亿元，同比增长43.8%。出现快速增长的主要原因是基础设施建设项目大量开工而产生了大量的融资需求。自中央提出4万亿元经济刺激计划后，各地方政府迅速进行高速公路、铁路、轨道交通以及电力、能源等基础设施项目的投资建设。尽管商业银行大幅增加贷款规模，但是由于基础设施项目多、资金需求量大且建设周期长，仍不能完全满足项目的资金需求，转而寻求从信托渠道进行融资。

4．证券投资类信托产品开始反弹

2009年，发行证券投资类信托产品的规模共计546.7亿元，同比下降65%。随着A股市场的反弹，投资者信心得到一定程度的提升，证券类产品在第二季度开始出现反弹。以中信信托为例，第二季度发行的集合资金产品全部是证券投资类，中信信托稳健理财项目二期集合资金信托计划还创下单只证券类产品超过80亿元的纪录。第四季度发行的证券类产品达到194亿元，是第一季度的8.7倍。同时，在市场行情上升的驱动下，私募基金得到快速发展。全年与私募基金合作的产品有138只，金额为157.5亿元，金额占证券投资类产品的28.8%。

四、理财市场制度建设

（一）银行个人理财产品制度建设情况

1．建立制度框架

2005年9月，中国银监会发布《商业银行个人理财业务管理暂行办法》，允许商业银行为个人客户提供财务分析、财务规划、投资顾问、资产管理等专业化服务活动，明确了商业银行开展个人理财业务实行审批制和报告制，并要求商业银行建立健全个人理财业务的管理体系以及风险管理体系。同期，中国银监会发布《商业银行个人理财业务风险管理指引》，对商业银行从事理财业务的研发、宣传、销售、内部风险监管和审计、风险评估、资产管理等方面作出了明确的制度安排。

2. 明确投资范围

2006年6月，中国银监会发布《关于商业银行开展代客境外理财业务有关问题的通知》，允许商业银行开展代客境外理财业务，并规定不得直接投资于股票及其结构性产品、商品类衍生产品，以及BBB级以下证券。2007年5月，中国银监会发布《关于调整商业银行代客境外理财业务境外投资范围的通知》，将代客境外理财投资范围扩大到股票和结构性产品，但不得投资于商品类衍生产品、对冲基金以及国际公认评级机构评级BBB级以下的证券。2009年7月，中国银监会发布《中国银监会关于进一步规范商业银行个人理财业务管理有关问题的通知》，对理财资金投资于固定收益类产品、银行信贷资产、信托贷款、金融衍生产品，以及用于组合投资、投资集合资金信托计划做了明确规定。

3. 适时调整审批方式

2007年11月，中国银监会发布《关于调整商业银行个人理财业务管理有关规定的通知》，取消原《商业银行个人理财业务管理暂行办法》中对商业银行发行保证收益性质的理财产品需要向中国银监会申请批准的相关规定，改为实行报告制。同时规定商业银行应在发售理财产品后5日内将相关资料报送中国银监会或其派出机构。

(二)信托理财产品制度建设情况

1. 建立制度框架

2007年3月，中国银监会发布《信托公司管理办法》，对信托机构的设立、变更与终止、经营范围和监督管理作出了制度规范，允许信托公司管理运用或处分信托财产时，可以依照信托文件的约定，采取投资、出售、存放同业、买入返售、租赁、贷款等方式进行。2007年1月，中国银监会发布《信托公司集合资金信托计划管理办法》，对信托计划的设立、信托财产的保管、信托计划的运营和风险管理，信托计划的变更、终止与清算，以及信息披露与监督管理等方面都作了具体的要求。

2. 鼓励审慎创新

为促进信托公司健康发展，鼓励具备资质的信托公司进行审慎金融创新，提高自身的竞争能力，2007年3月，中国银监会会同国家外汇管理局发布《信托公司受托境外理财业务管理暂行办法》（以下简称《暂行办法》），允许信托公司在境内设立信托计划，以自己的名义按照信托文件约定的方式在境外进行规定的金融产品投资和资产管理的经营活动。《暂行办法》对业务的准入管理、业务管理以及相关外汇管理作出规定。

3. 拓宽投资渠道

2008年12月，中国人民银行发布公告（[2008]第22号），允许信托公司在全国银行间债券市场开立信托专用债券账户，为其设立的每个单一信托计划和集合信托计划等开立单独的信托专用债券账户。这项制度安排大大丰富了信托产品的交易投资品种，拓宽了该产品的投资渠道，提高了产品的流动性，从而为管理人管理产品的成本和流动性风险提供了有效途径，投资吸引力也随之大大增强。

(三)证券公司集合资产管理计划制度建设情况

1. 建立制度框架

2008年7月，中国证监会发布《证券公司集合资产管理业务实施细则》，对证券公司集合资产管理业务的申请设立、基本业务规则、风险管理和监管要求作出具体规定。证券公司可以自有资金参与资产管理计划，但是不能超过单一计划的5%，总额不超过2亿元。参与多个集合计划的自有资金总额，不得超过证券公司净资本的15%。公募机构定向理财的理财门槛大大降低，根据《证券公司客户资产管理业务试行办法》，证券公司办理定向资产管理业务，接受单个客户的资产净值不得低于100万元。

2. 拓宽投资渠道

2009年7月，中国人民银行发布中国人民银行公告[2009]第11号，允许证券公司为其设立的证券公司集合资产管理计划在全国银行间债券市场开立专用债券账户，拓宽了产品的投资渠道，提高了产品的流动性。

五、理财产品市场发展展望

(一)理财产品呈"基金化"发展趋势

银行理财产品发展的一个新趋势是"基金化操作"，即理财产品以集合资产池的形式向社会公众不间断地募集资金，其特点在于投资渠道分散多元化和赎回机制灵活机动，资金投资方向包括国债、中央银行票据、政策性金融债券、企业债券、回购、优质企业信托融资项目、货币市场基金、债券型基金等。从赎回期限来看，有一周滚动型、四周滚动型及无固定期限。预计此类产品规模还将继续扩大。

(二)普通理财产品将成为今后理财产品市场的主力

自2009年以来，针对银行理财产品特别是结构性理财产品不断出现负收益而引起纠纷的现象，有关监管部门接连发文，加强了对理财产品的监管，要求银行不得将理财资金用于投资高风险和结构复杂的金融产品，同时将银行理财产品由发行后备案改为发行前审批，增强了对银行理财产品的风险控制。可以预见，在全球投资环境未有明显改善、银行和投资者的风险控制和承受能力有待提高的条件下，高风险、设计复杂的结构性理财产品的发行将在一段时期内受到影响，普通理财产品的市场规模将不断扩大，成为银行理财产品市场的主力。

附录一　2009年中国金融市场发展大事记

1月7日 中国人民银行发布2009年第1号公告，取消债券发行规模须超过5亿元才可交易流通的限制条件，为中小企业通过发行债券进行小额融资创造了较好的政策条件。

1月12日 中国银监会向外商独资银行和中外合资银行下发“通知”，允许它们在内地银行间债券市场交易及承销（非金融）企业债券融资工具。

1月16日 中国农业银行股份有限公司正式挂牌成立。

1月19日 中国证监会和中国银监会联合发布《关于开展上市商业银行在证券交易所参与债券交易试点有关问题的通知》，明确14家上市商业银行经中国银监会核准后，可以向证券交易所申请从事债券交易。

1月19日 上海黄金交易所个人黄金现货延期交收业务Au（T+D）正式登陆商业银行，兴业银行成为国内首家代理银行。

2月10日 中国证券监督管理委员会基金监管部和中央国债登记结算有限责任公司签署了《监管合作备忘录》。在双方签署备忘录后，中央国债登记结算有限责任公司将配合中国证监会提供货币市场基金的交易数据，以便中国证监会能够随时监控货币市场基金债券交易。

2月15日至17日 国际证监会组织（IOSCO）在美国华盛顿召开会议。经技术委员会和执委会讨论决定，批准中国、巴西和印度等三个新兴市场国家的证券监管机构加入技术委员会。

3月9日 上海、北京、广东三省市地方融资平台首期中期票据试点发行顺利完成，募集资金共计310亿元，发行利率远低于同期贷款利率，有力地推动了重点企业、大型基础设施等项目的建设。

3月11日 中国人民银行发布[2009]第4号公告：中国人民银行和国家外汇管理局同意中国银行间市场交易商协会发布《中国银行间市场金融衍生产品交易主协议》文本。公告自发布之日起施行。

3月17日 为进一步提高基金管理公司投资管理人员的合规意识，规范投资管理人员执业行为，防范利益冲突和道德风险，完善公司内部控制，中国证监会对《基金管理公司投资管理人员管理指导意见》进行了修订，并颁布新修订的《基金管理公司投资管理人员管理指导意见》，自2009年4月1日起施行。

3月18日 中国人民银行发布[2009]第5号公告，允许基金管理公司以特定资产管理组合的名义在全国银行间债券市场开立债券账户，并对其业务运作进行了规范。

3月23日 中国人民银行、中国银监会联合发布《关于进一步加强信贷结构调整 促进国民经济平稳较快发展的指导意见》，支持有条件的地方政府搭建投融资平台，发行企业债、中期票据等融资工具，拓宽中央政府投资项目配套资金融资渠道。

3月25日 中国人民银行发布《全国银行间债券市场金融债券发行管理操作规程》，进一步规范与完善金融债券发行管理，提高金融债券发行审核的透明度，健全市场约束与风险分散机制。

3月26日 中国人民银行发布了《银行间债券市场债券登记托管结算管理办法》（中国人民银行令[2009]第1号），以进一步强化银行间债券市场债券登记托管结算制度建设。该办法从债券登记托管结算机构的职能与管理，债券登记、托管和结算的相关业务环节，以及参与各方的权利义务和法律责任等方面进行了规范，已自2009年5月4日起正式施行。

3月27日 经中国证监会批准，线材和螺纹钢期货合约在上海期货交易所上市交易。

3月31日 中国证监会发布《首次公开发行股票并在创业板上市管理暂行办法》，对企业首次公开发行股票并在创业板上市的标准和程序作出了明确规定，为推出创业板提供了重要政策依据。

3月 中国工商银行、交通银行、兴业银行和中国民生银行成为上海期货交易所首批银行类非期货公司会员。

4月7日 中国保监会连续下发了《关于加强资产管理能力建设的通知》、《基础设施债权投资计划产品设立指引》、《关于增加保险机构债券投资品种的通告》等一系列资金运用新政，相继放开了保险资金投资无担保债券的限制，同时对保险机构基础设施投资的具体方式和能力限制进行了具有操作性的规范。

4月8日 国务院批准在上海市和广东省广州市、深圳市、珠海市、东莞市开展跨境贸易人民币结算试点。

4月13日 中国人民银行制定发布了《全国银行间债券市场金融债券发行管理操作规程》，进一步规范全国银行间债券市场金融债券发行行为。

4月20日 经中国证监会批准，早籼稻期货正式在郑州商品交易所挂牌上市。

5月5日 中国证监会正式公布《关于基金管理公司开展特定多个客户资产管理业务有关问题的规定》，并自6月1日起施行。基金管理公司的特定多个客户资产管理业务得到规范，有利于保护当事人的合法权益。

5月8日 财政部发布《关于开通记账式国债承销团成员本机构国债承销数据查询通道的通知》。

5月11日 中国石油天然气集团公司在银行间市场发行了10亿美元中期票据，这是自银行间市场成立以来首个非金融企业在境内发行外币债券。

5月13日 中国证监会公布《关于修改〈证券发行上市保荐业务管理办法〉的决定》和《关于修改〈中国证券监督管理委员会发行审核委员会办法〉的决定》，自2009年6月14日起施行。

5月25日 经中国证监会批准，聚氯乙烯期货在大连商品交易所正式上市交易。

5月26日 中国证监会正式发布《证券公司分类监管规定》，明确了5大类11个级别的证券公司分类标准和评价程序。

6月10日 中国证监会发布《关于进一步改革和完善新股发行体制的指导意见》，进一步健全新股发行机制，提高发行效率。

6月25日 汇丰银行（中国）在香港地区发行了首只10亿元规模的两年期人民币债券，这是外资银行首次发行人民币债券，也是金融机构首次在香港发行挂钩Shibor的浮息人民币债券，此举将有助于人民币基准利率在离岸市场的发展。

6月29日 银行间市场新一代本币交易系统正式上线。

6月30日 东亚银行（中国）在香港地区发行10亿元两年期人民币债券。

6月30日 中国银监会发布《关于上市商

业银行在证券交易所参与债券交易试点有关事宜的通知》，明确银行申请试点的条件，并规定禁止交易股票、可转债，同时确定了中央国债登记结算有限责任公司作为结算后台。

7月1日和7月3日 中国人民银行联合有关部门制定并发布《跨境贸易人民币结算试点管理办法》和《跨境贸易人民币结算试点管理办法实施细则》，统一规范人民币贸易结算业务活动，稳步推进试点工作，保持我国与周边国家和地区的贸易正常发展，为企业提供更多的便利。

7月4日 中国银行广东省分行分别与中国银行（香港）有限公司、香港上海汇丰银行有限公司正式签订了《人民币贸易结算清算协议书》，中国银行由此成为首家完成与境外代理行签署跨境贸易人民币结算代理清算协议的银行。

7月6日 中国银监会发布《中国银监会关于进一步规范商业银行个人理财业务投资管理有关问题的通知》，针对理财资金明确了投资范围。

自7月15日起 《创业板市场投资者适当性管理暂行规定》和《深圳证券交易所创业板市场投资者适当性管理实施办法》正式施行。

7月23日 中国人民银行发布[2009]第11号公告。公告要求证券公司在全国银行间债券市场从事证券资产管理业务时，应为其设立的各资产管理计划（包括集合资产管理计划、专项资产管理计划和定向资产管理计划）分别开立单独的专用债券账户。证券公司资产管理计划进入银行间债券市场，不仅有助于提高市场流动性，同时也有利于切实保护投资者的利益，落实相关的监管要求。

7月31日 中国银监会发布《中国银监会关于进一步加强银行业金融机构与机构客户交易衍生产品风险管理的通知》，对银行业金融机构衍生产品风险管理提出具体要求。

8月3日 中国银监会发布了《商业银行资本充足率监督检查指引》等7个监管文件修订后的征求意见稿，并向社会各界公开征求意见，征求意见截止日为9月15日。此次监管文件修订稿的发布，预示着我国银行业实行《巴塞尔新资本协议》已进入倒计时。

8月3日 香港金融管理局宣布，香港政府将发行三批发行额合计80亿港元的两年期、五年期及十年期政府债券。这是香港政府自2004年发行200亿港元债券之后的首次发行债券。

8月13日 中国银监会颁布《消费金融公司试点管理办法》。消费金融公司的设立，是我国扩大内需的又一新政，对于促进经济增长从投资主导型向消费主导型转变具有重大意义。

8月18日 中国银监会《关于完善商业银行资本补充机制的通知（征求意见稿）》（以下简称《通知》）下发至各商业银行。《通知》明确规定，商业银行在计算资本充足率时，应从计入附属资本的次级债务及混合资本债券等监管资本工具中全额扣减本行持有其他银行次级债务及混合资本债券等监管资本工具的额度。

8月21日 财政部发布公告称，将于8月28日恢复地方政府债券的发行。

8月28日 中国保险监督管理委员会发布《关于加强保险机构债券回购业务管理的通知》，要求保险机构完善债券回购管理制度，加强回购融入资金管理，防范回购业务风险，并严格执行各项报告制度。

8月31日 国开金融有限责任公司挂牌成立，国家开发银行在传统业务的基础上通过该公司大力发展股权投资业务。

8月31日 中国人民银行和中国银行业监督管理委员会正式对外公布了《中国人民银行、中国银行业监督管理委员会公告》，明确了汽车金融公司和金融租赁公司发行债券的条件，规范这两类机构发行债券的行为。允许金融租赁公司和汽车金融公司发行金融债券，是在控制风险的前提下，稳步扩大发债主体的范围、加快债券市场发展的重要步骤。

自9月1日起 《期货公司分类监管规定（试行）》正式颁布施行，明确了5类11个级别的期货公司分类标准和评价程序。从同日起，《期货市场客户开户管理规定》颁布施行，期货市场将统一开户，严格落实开户实名制。期货市场实施统一开户制度有利于提升期货市场的风险防范能力，强化期货市场开户实名制，提高期货市场的运行效率。

9月3日 渣打银行（中国）上海分行为渣打银行（香港）提供了首笔跨境人民币账户融资，用于人民币跨境贸易结算。这是人民币跨境贸易结算试点以来我国发生的首笔跨境人民币账户融资业务，意味着人民币贸易结算试点再次获得突破。

9月21日 中债信用增进投资股份有限公司在北京正式成立，这是我国第一家专业债券信用增级机构。这对于发展直接融资市场，完善信用风险分担机制，缓解中小企业融资困难的现状具有重要作用。

9月22日 中国保监会发布《关于债券投资有关事项的通知》，对保险机构投资债券的比例、债券发行人的资质、信用评级、评级人员配备等制定了四项调整措施。

9月28日 财政部在中国香港发行60亿元人民币国债。这是中国国债首次在中国内地以外地区发行，也是首次在内地以外地区发行以人民币计价的主权债券。

10月10日 国家外汇管理局出台了《合格境外机构投资者境内证券投资外汇管理规定》，鼓励合格境外机构投资者中长期投资。

10月14日 全国银行间同业拆借中心与中央国债登记结算有限责任公司联合制定并对外发布了《全国银行间债券市场金融债券信息披露操作细则》，规范与细化了银行间债券市场金融债券信息披露操作的相关行为，有助于进一步提高市场透明度。

10月22日 中国保监会发布《关于债券投资有关事项的通知》和《关于加强保险机构债券回购业务管理的通知》（以下简称《通知》）。《通知》提高了保险公司的公司（企业）债券投资比例，并收紧债券回购规模和比例。

10月23日 创业板市场正式启动，首批28家公司获准发行，并于10月30日在深圳证券交易所上市。创业板的推出有利于多层次资本市场体系建设进一步完善，对于我国资本市场乃至经济社会持续健康发展都具有重要意义。

10月28日 全国银行间同业拆借中心和中央国债登记结算公司共同发布了《银行间债券市场债券交易监测方案》。

11月6日 中国证监会正式颁布《证券投资基金评价业务管理暂行办法》，并自2010年1月1日起施行。

11月12日 中国银行间市场交易商协会发布《银行间债券市场中小非金融企业集合票据业务指引》，支持中小企业发行集合票据。同日，中央国债登记结算公司发布了《关于办理集合类债券登记托管业务相关事宜的通知》。

11月16日 两岸金融监管合作谅解备忘录（MOU）正式签署，标志着两岸金融合作进入实质性阶段。

11月23日 国内第一批中小企业集合票据正式在银行间市场发行，这是继中小企业集合债券之后，中小企业的又一融资工具。

11月26日 中国银监会与中国保监会共同起草的《商业银行投资保险公司股权试点管理办法》正式出台，其中规定每家参与试点的银行只能投资一家保险公司。在计算资本充足率时，商业银行投资保险公司的资本应从商业银行的资本金中全额扣除。

11月27日 我国首只50年期限的国债成功发行，这是我国历史上发行的期限最长的国债。

11月28日 银行间市场清算所股份有限公司在上海正式成立。

11月30日 中国证监会发布[2009]31号公告《关于期货公司设立营业部与分类评价结果衔接工作有关问题的规定》，将设立营业部的范围同分类评价结果直接挂钩。

12月2日 银行间市场交易商协会发布《银行间债券市场债券交易自律规则》，对会员单位的债券交易行为进行自律管理。

12月5日 中国人民银行发布《金融机构编码规范》，从宏观层面统一了我国金融机构分类标准，首次明确了我国金融机构涵盖的范围，界定了各类金融机构的具体组成，规范了金融机构的统计编码方式与方法。

12月14日 中国证监会发布[2009]32号公告《开放式证券投资基金销售费用管理规定》，并自2010年3月15日起实施。

12月16日 中国银监会发布《商业银行资本充足率信息披露指引》(以下简称《指引》)。《指引》明确要求商业银行对核心资本总额、附属资本总额、资本充足率、核心资本充足率等重要信息进行季度披露，对实收资本或普通股及其他资本工具的变化情况应及时披露。

12月24日 为推进《巴塞尔新资本协议》的实施、加强商业银行的风险管理，中国银监会发布《商业银行银行账户利率风险管理指引》和《商业银行资本计量高级方法验证指引》。

12月29日 为促进银行间债券市场健康发展，保护投资者的合法权益，中国银行间市场交易商协会就完善非金融企业债务融资工具的信息披露工作有关事项发布公告。

12月29日 中国保险监督管理委员会发布《关于保险机构投资无担保企业债券有关事宜的通知》。

附录二　中国金融市场统计

表1 1998~2009年主要宏观经济金融指标 (年末余额)

单位：亿元、%

项目	1998	1999	2000	2001	2002	2003	2004	2005	2006	2007	2008	2009
国内生产总值(GDP)	84 402	89 677	99 215	109 655	120 333	135 823	159 878	184 937	216 314	265 810	314 045	335 353
增长率	7.8	7.6	8.4	8.3	9.1	10	10.1	10.4	11.6	13.0	9	8.7
进出口总额(亿美元)	3 239.3	3 607	4 743	5 097.7	6 208	8 512	11 547	14 221	17 607	21 738	25 616	22 073
增长率	-0.4	11.3	31.5	7.5	21.8	37.1	35.7	23.2	23.8	23.5	17.8	-13.9
出口(亿美元)	1 837.6	1 949	2 492	2 661	3 256	4 384	5 934	7 620	9 691	12 180	14 285	12 017
进口(亿美元)	1 401.7	1 658	2 251	2 436.1	2 952	4 128	5 614	6 601	7 916	9 558	11 331	10 056
外汇储备(亿美元)	1 450	1 546.8	1 655.7	2 121.7	2 864	4 033	6 099	8 189	10 663	15 282	19 460	23 992
外商直接投资(亿美元)	454.6	404	408	468.5	527	535	606	603	694.7	747.7	924	900
财政收入	9 876	11 444.1	13 380.1	16 371	18 914	21 691	26 355.9	31 628	38 760.2	51 304	61 330	68 477
财政支出	10 798.2	13 187.7	15 879.4	18 844	22 012	24 607	28 360.8	33 708.1	40 222.7	49 565.4	62 593	75 874
赤字或盈余	-922.2	-1 743.6	-2 499.3	-2 473	-3 098	-2 916	-2 004.9	-2 080.1	-1 462.5	1 738.6	-1 263	-1 263
货币供应量(M_2)	104 499	119 898	134 610.3	158 301.9	185 007	221 222.8	254 107	296 040.1	345 577.9	403 401.3	475 166.6	606 223.6
增长率	15.3	14.7	12.3	17.6	16.9	19.6	14.9	16.5	16.7	16.7	17.8	27.6
货币供应量(M_1)	38 953.7	45 837.2	53 147.2	59 871.6	70 822	84 118.6	95 969.7	107 279.9	126 028.1	152 519.2	166 217.1	220 004.5
增长率	11.9	17.7	15.9	12.7	18.3	18.8	14.1	11.8	17.5	21.0	9.0	32.4
货币供应量(M_0)	11 204.2	13 455.5	14 652.7	15 688.8	17 278	19 746	21 468.3	24 032.8	27 072.6	30 334.3	34 218.96	38 245.97
增长率	10.1	20.1	8.9	7.1	10.1	14.3	8.7	11.9	12.6	12.0	12.8	11.8
城镇居民人均可支配收入(元人民币)	5 245	5 854	6 280	6 859.6	7 703	8 500	9 422	10 493	11 759	13 786	15 781	17 175
实际增长率	5.8	9.3	6.4	8.5	13.4	9.0	7.7	9.6	10.4	12.2	8.4	9.8
农村居民人均纯收入(元人民币)	2 163.6	2 210	2 253	2 366	2 475.6	2 622	2 936	3 255	3 587	4 140	4 761	5 153
实际增长率	4.3	3.8	2.1	4.2	4.8	4.3	6.8	6.2	7.4	9.5	8.0	8.5
金融机构各项存款	95 697.9	108 779	123 804.4	143 617.2	170 917.4	208 055.6	241 424.3	300 208.6	348 015.6	401 051.4	478 444.2	612 005.1
增长率	16.1	13.7	13.8	16.0	19.0	21.7	16.0	24.3	15.9	15.2	19.3	27.9
金融机构各项贷款	86 524.1	93 734.3	99 371.1	112 314.7	131 293.9	158 996.2	178 197.8	206 838.5	238 279.8	277 746.5	320 048.7	425 622.6
增长率	15.5	8.3	6.0	13.0	16.9	21.1	12.1	16.1	15.2	16.6	15.2	33.0
居民消费价格指数 (CPI)	-0.8	-1.4	0.4	0.7	-0.8	1.2	3.9	1.8	1.5	4.8	5.9	-0.7

注：根据国家统计局、财政部最新公布数据调整往年数据，2009年数据均为初步核算数。

数据来源：国家统计局、中国人民银行、财政部。

表2 1998~2009年新增本外币存贷款构成及增长率(年末余额)

单位：亿元、%

项目	1998	1999	2000	2001	2002	2003	2004	2005	2006	2007	2008	2009
金融机构各项存款	95 697.9	108 778.9	123 804	143 617.2	170 917.4	208 055.6	241 424.3	300 208.6	348 015.6	401 051.4	478 444.21	612 005.1
比上年年末增长	16.1	13.7	13.8	16.0	19.0	21.7	16.0	24.3	15.9	15.2	19.3	27.9
其中:城乡居民储蓄	53 407.5	59 621.8	64 332.4	73 762.4	86 910.7	103 617.7	119 555.4	147 053.7	166 616.2	176 213.3	221 503.47	264 756.89
比上年年末增长	17.1	11.6	7.9	14.7	17.8	19.2	15.4	23.0	13.3	5.8	25.7	19.5
企业存款	32 486.6	37 182.4	44 093.7	51 546.6	60 028.6	72 487.1	84 669.5	101 750.6	118 851.7	144 814.1	164 385.79	224 360
比上年年末增长	13.4	14.5	18.6	16.9	16.5	20.8	16.8	20.2	16.8	21.8	13.5	36.5
金融机构各项贷款	86 524.1	93 734.3	99 371.1	112 314.7	131 293.9	158 996.2	178 197.8	206 838.5	238 279.8	277 746.5	320 048.68	425 622.60
比上年年末增长	15.5	8.3	6.0	13.0	16.9	21.1	12.1	16.1	15.2	16.6	15.2	33.0
其中:短期贷款	60 613.2	63 887.6	65 748.1	67 327.2	76 822.4	87 397.9	90 808.3	91 157.5	101 698.2	118 898.0	128 571.47	151 390.67
比上年年末增长	9.4	5.4	2.9	2.4	14.1	13.8	3.9	0.4	11.6	16.9	8.1	17.7
中长期贷款	20 717.8	23 968.3	27 931.2	39 238.1	51 731.6	67 251.7	81 010.1	92 940.5	113 009.8	138 581.0	164 160.42	235 591.3
比上年年末增长	33.9	15.7	16.5	40.5	31.8	30.0	20.5	14.7	21.6	22.6	18.5	43.5

数据来源：中国人民银行。

表3 1997~2009年贷款余额、债券存量、股票市值与GDP的比例

单位：亿元、%

年份	GDP	贷款余额	贷款余额/GDP	债券存量	债券存量/GDP	股票总市值	股票总市值/GDP
1997	78 793	74 914	95.1	4 781	6.1	17 529	22.2
1998	84 402	86 524	102.5	10 480	12.4	19 506	23.1
1999	89 677	93 734	104.5	13 189	14.7	26 471	29.5
2000	99 215	99 371	100.2	16 746	16.9	48 091	48.5
2001	109 655	112 315	102.4	21 587	19.7	43 502	39.7
2002	120 333	131 294	109.1	31 428	26.1	38 329	31.9
2003	135 823	158 996	117.1	41 182	30.3	42 458	31.3
2004	159 878	178 198	111.5	49 664	31.1	37 056	23.2
2005	184 937	206 839	111.8	72 424	39.2	32 430	17.5
2006	216 314	238 280	110.2	92 452	42.7	89 404	41.3
2007	265 810	277 747	104.5	123 339	46.4	327 140.9	123.1
2008	314 045	320 049	101.9	151 102	48.1	121 366.4	38.6
2009	335 353	425 623	126.9	175 295	52.3	243 939.12	72.7

注：债券存量是指在中央国债登记结算有限责任公司托管的债券总量，不包含直接在中国证券登记结算有限公司托管的债券。
数据来源：中国人民银行、中央国债登记结算有限责任公司。

表4 1997~2009年社会融资结构情况表

单位：亿元、%

年份	融资总额	银行贷款	占融资总额的比重	国债	占融资总额的比重	企业债券	占融资总额的比重	股票	占融资总额的比重
1997	14 174	11 339	80.0	1 865	13.2	35	0.2	934	6.6
1998	14 909	11 846	79.5	2 218	14.9	42	0.3	804	5.4
1999	14 562	10 721	73.6	2 776	19.1	167	1.1	897	6.2
2000	17 163	12 499	72.8	2 478	14.4	83	0.5	2 103	12.3
2001	16 555	12 558	75.9	2 598	15.7	147	0.9	1 252	7.6
2002	24 233	19 228	79.3	3 718	15.3	325	1.3	962	4.0
2003	35 154	29 936	85.2	3 525	10.0	336	1.0	1 357	3.9
2004	29 023	24 066	82.9	3 126	10.8	327	1.1	1 504	5.2
2005	31 507	24 617	78.1	2 996	9.5	2 010	6.4	1 884	6.0
2006	39 874	32 687	82.0	2 675	6.7	2 266	5.7	2 246	5.6
2007	49 817	39 205	78.7	1 790	3.6	2 290	4.6	6 532	13.1
2008	60 486	49 854	82.4	1 027	1.7	6 078	10.1	3 527	5.8
2009	130 747	105 225	80.5	8 182	6.3	12 320	9.4	5 020	3.8

注：1. 股票融资中不包含金融机构的上市融资额。

2. 企业债券包括企业债、短期融资券、中期票据、集合债券、可分离债券和公司债券。

数据来源：中国人民银行。

表5 1997~2009年银行间同业拆借与债券回购成交情况表

单位：亿元

年份	拆借	质押式回购交易额	买断式回购交易额
1997	8 298	310	—
1998	1 978	1 021	—
1999	3 291	3 957	—
2000	6 728	15 785	—
2001	8 082	40 133	—
2002	12 107	101 885	—
2003	24 113	117 203	—
2004	14 556	93 105	1 263
2005	12 783	156 784	2 223
2006	21 503	263 021	2 892
2007	106 466	440 672	7 253
2008	150 492	563 830	17 376
2009	193 505	677 007	25 891

数据来源：中国外汇交易中心。

表6 1997~2009年同业拆借成员变化表

单位：家

年份	银行	证券公司	基金公司	保险公司	信托公司	财务公司	租赁公司	农村信用联社	城市信用合作社	其他	总计
1997	59	0	0	0	0	0	0	0	0	37	96
1998	165	0	0	0	0	0	0	0	0	2	167
1999	187	7	0	0	0	0	0	99	0	3	296
2000	232	14	0	0	0	20	0	148	0	3	417
2001	246	18	0	0	0	25	0	198	0	3	490
2002	261	41	0	0	0	25	0	202	4	3	536
2003	289	56	0	0	0	32	0	229	10	1	617
2004	309	64	0	0	0	35	0	236	11	1	656
2005	323	66	0	0	0	38	0	239	12	1	679
2006	339	53	0	0	0	46	0	250	15	0	703
2007	326	56	0	0	3	49	0	267	16	0	717
2008	340	58	0	0	16	58	4	298	13	4	788
2009	348	65	0	6	26	68	6	320	9	6	854

注：其他包含资产管理公司、汽车金融公司。

数据来源：全国银行间同业拆借中心。

表7 1998~2009年票据市场情况表

单位：万亿元

年份	累计签发商业票据发生额	累计贴现发生额
1998	0.38	0.27
1999	0.51	0.25
2000	0.74	0.64
2001	1.28	1.55
2002	1.61	2.31
2003	2.77	4.44
2004	3.42	4.71
2005	4.45	6.75
2006	5.43	8.49
2007	5.87	10.11
2008	7.09	13.51
2009	10.27	23.16

数据来源：中国人民银行。

表8 1997~2009年债券市场成交情况表

单位：亿元、%

年份	银行间债券市场				交易所国债市场				柜台市场交易额
	现券交易额	同比增长	回购交易额	同比增长	国债现券交易额	同比增长	国债回购交易额	同比增长	
1997	8.90	—	309.87	—	3 561.66	—	12 876.77	—	0
1998	76.39	758.31	1 021.48	229.65	6 059.90	70.1	15 540.86	20.69	0
1999	150.50	97.03	3 956.93	287.37	5 300.90	-12.5	12 890.44	-17.05	0
2000	647.66	330.33	15 784.94	298.92	4 157.50	-21.6	14 733.66	14.30	0
2001	844.34	30.37	40 133.30	154.25	4 815.60	15.8	15 487.63	5.12	0
2002	4 343.50	414.43	101 885.21	153.87	8 708.69	80.8	24 419.66	57.67	14.4
2003	31 609.70	627.75	117 203.41	15.03	5 756.16	-33.9	52 999.86	117.04	24.5
2004	28 196.45	-10.80	94 367.54	-19.48	2 966.50	-48.5	44 086.63	-16.82	62.2
2005	63 378.92	124.78	159 007.15	68.50	2 779.05	-6.3	23 261.20	-47.24	65.7
2006	109 326.62	72.50	265 912.71	67.23	1 540.70	-44.6	15 413.30	-33.74	42.8
2007	165 915.94	51.76	447 924.95	68.45	1 267.32	-17.7	18 345.09	19.02	35.7
2008	408 269.74	146.07	581 205.24	29.76	2 122.52	67.5	24 268.65	32.29	30.4
2009	488 682.15	19.70	702 898.60	20.94	2 085.11	-1.76	35 475.87	46.18	62.8

数据来源：中央国债登记结算有限责任公司、中国证监会网站、中国外汇交易中心。

表9 2009年债券市场情况表

单位：亿元、%

月份	银行间债券市场			交易所国债市场			柜台市场交易额
	现券交易额	同比增长	银行间债券指数	国债现券交易额	同比增长	交易所国债指数	
1月	26 522.16	16.17	120.3792	156.20	99.08	120.710	3.92
2月	34 337.72	53.32	119.4222	216.80	160.51	120.840	3.16
3月	46 335.23	26.64	119.2185	209.13	35.53	120.954	2.58
4月	42 041.14	14.61	118.9262	199.56	-23.69	121.134	2.56
5月	34 044.41	15.38	119.2349	148.55	58.30	121.546	4.86
6月	44 005.38	52.21	118.4687	177.03	92.30	121.335	7.69
7月	48 957.26	29.18	116.8936	201.69	89.84	120.710	16.23
8月	48 469.78	23.53	117.0391	166.74	-2.75	121.278	7.61
9月	52 471.15	45.91	116.7220	218.03	9.88	121.720	5.12
10月	26 390.20	-30.92	116.0806	100.20	-57.30	122.270	2.98
11月	34 331.86	-7.27	116.4572	135.20	-57.21	122.294	3.69
12月	50 775.86	17.98	116.2673	155.97	-53.08	122.350	2.45
合计	488 682.15	19.70	—	2 085.11	-1.76	—	62.85

数据来源:中国人民银行、中央国债登记结算有限责任公司、上海证券交易所、中国外汇交易中心。

表10 1998~2009年债券市场发行基本情况表

单位：亿元

年份	国 债	地方政府债	政策性银行债	中央银行票据	非政策性金融债券	短期融资券	资产支持债券	企业债券	公司债券	可转换债券	其他	合计
1998	6 474	0	1 930	0	0	0	0	0	0	0	0	8 404
1999	3 996	0	1 851	0	0	0	0	73	0	0	0	5 920
2000	4 620	0	1 645	0	0	0	0	50	0	0	0	6 315
2001	4 884	0	2 590	0	35	0	0	140	0	0	0	7 649
2002	5 934	0	3 175	1 938	45	0	0	325	0	0	0	11 417
2003	7 947	0	4 520	7 227	100	0	0	358	0	182	0	20 334
2004	7 319	0	4 348	17 037	775	0	0	326	0	213	0	30 018
2005	7 042	0	6 032	27 882	1 065	1 424	42	654	0	0	21	44 162
2006	8 883	0	8 980	36 574	570	2 920	116	995	0	111	9	59 158
2007	23 483	0	10 932	40 721	973	3 349	178	1 720	52	106	0	81 514
2008	8 546	0	10 809	42 960	974	4 339	302	4 104	381	710	0	73 125
2009	16 214	2 000	11 678	39 740	3 071	4 612	0	11 150	768	61	10	89 304
合计	105 342	2 000	68 490	214 079	7 608	16 644	638	19 895	1 201	1 383	40	437 320

注：1. 国债包含记账式国债、电子式储蓄国债和凭证式储蓄国债；
2. 非政策性金融债券包括商业银行次级债券、商业银行一般性债券、非银行金融机构债以及证券公司债等；
3. 企业债券包含企业债、中期票据、集合票据等；
4. 可转换债券包括可分离式可转债；
5. 其他含国际机构债券等。

数据来源:中央国债登记结算有限责任公司、财政部、中国证券登记结算有限公司。

表11 1997~2009年债券市场债券托管情况表

单位：亿元

年份	银行间债券托管情况								交易所债券托管情况			
	国债	地方政府债	中央银行债券	金融债券	企业债券	短期融资券	其他债券	合计	国债	企业债券	可转换债券	合计
1997	346	0	119	520	0	0	0	985	597	N.A.	N.A.	N.A.
1998	4 265	0	119	4 815	0	0	0	9 199	596	N.A.	N.A.	N.A.
1999	6 671	0	119	6 089	0	0	0	12 879	N.A.	N.A.	N.A.	N.A.
2000	8 876	0	0	7 201	0	0	0	16 077	N.A.	N.A.	N.A.	N.A.
2001	10 693	0	0	8 239	0	0	0	18 932	N.A.	N.A.	N.A.	N.A.
2002	17 450	0	1 488	9 695	0	0	0	24 681	2 722	N.A.	N.A.	N.A.
2003	13 498	0	3 377	11 610	0	0	0	32 437	3 544	390	205	4 139
2004	19 686	0	11 208	14 408	25	0	0	45 327	3 967	793	335	5 095
2005	23 082	0	21 908	19 508	534	1 380	21	66 505	3 484	790	249	4 523
2006	24 020	0	18 139	22 916	1 636	1 429	167	68 307	3 132	943	121	4 196
2007	43 255	0	30 655	30 700	3 268	3 203	286	111 367	2 857	1 069	99	4 025
2008	45 232	0	42 370	39 400	5 624	4 203	2 174	139 003	2 574	855	139	3 568
2009	51 140	2 000	35 075	48 484	9 540	4 561	9 006	159 806	2 113	2 470	1 070	5 653

注：1. 交易所托管情况包含在中央国债登记结算有限责任公司、中国证券登记结算有限责任公司托管的国债、企业债、公司债和可转换债券等；

2. 其他债券包含资产支持证券、中期票据、集合票据、外国债券等；

3. 交易所托管的企业债券包含公司债，可转换债券包含分离式可转债；

4. 托管数全为债券面值。

数据来源:中央国债登记结算有限责任公司、中国证券登记结算有限公司。

表12 1998~2009年国债发行与兑付情况表

单位：亿元

年份	发行额	兑付额	期末余额
1998	4 274	0	5 163
1999	2 446	0	6 751
2000	2 720	163	9 156
2001	3 084	360	10 973
2002	4 461	892	16 327
2003	5 442	735	21 035
2004	4 809	1 551	24 177
2005	5 042	2 121	27 074
2006	6 933	4 163	29 048
2007	21 883	4 090	46 503
2008	7 246	4 930	48 753
2009	14 214	7 570	55 411

注：1.此表所统计的国债不含凭证式国债（2只电子凭证式国债除外）。
　　2.兑付额包含提前兑付额和到期兑付额。
数据来源:中国人民银行、中央国债登记结算有限责任公司。

表13 2000~2009年银行间债券市场参与机构数

单位：家

年份	银行	证券公司	基金公司	保险机构	非银行机构	信用社	其他	企业	总计
2000	159	2	32	11	7	102	2	0	315
2001	156	2	41	11	15	254	2	1	482
2002	182	25	78	20	52	423	2	32	814
2003	198	87	192	38	97	575	3	1 889	3 079
2004	231	95	361	63	117	665	11	2 755	4 298
2005	271	103	500	91	121	680	13	3 729	5 508
2006	295	107	613	104	136	711	23	4 450	6 439
2007	308	112	688	113	142	762	30	4 940	7 095
2008	341	117	1 053	128	154	801	24	5 681	8 299
2009	391	123	1 589	131	164	843	16	5 990	9 247

数据来源：中央国债登记结算有限责任公司。

表14 2009年银行间债券市场结算代理人名单

单位：亿元

序号	机构名称	序号	机构名称
1	中国工商银行	23	重庆银行
2	中国农业银行	24	宁波银行
3	中国银行	25	富滇银行
4	中国建设银行	26	哈尔滨银行
5	交通银行	27	太原市商业银行
6	招商银行	28	贵阳市商业银行
7	中信银行	29	西安市商业银行
8	中国光大银行	30	福州市商业银行
9	兴业银行	31	淄博市商业银行
10	中国民生银行	32	济南市商业银行
11	华夏银行	33	乌鲁木齐市商业银行
12	上海浦东发展银行	34	东莞银行
13	深圳发展银行	35	成都银行
14	广东发展银行	36	深圳平安银行
15	恒丰银行	37	包商银行
16	北京银行	38	长沙银行
17	上海银行	39	石家庄市商业银行
18	南京银行	40	厦门市商业银行
19	天津银行	41	青岛银行
20	杭州银行	42	上海市农村商业银行
21	汉口银行	43	常熟市农村商业银行
22	大连银行		

数据来源：中国银行间市场交易商协会。

表15 银行间债券市场做市商机构名单

中国工商银行	北京银行
中国农业银行	上海银行
中国银行	南京银行
中国建设银行	杭州银行
招商银行	汉口银行
中信银行	中信证券
中国光大银行	国泰君安证券
兴业银行	摩根大通银行（中国）有限公司
中国民生银行	国家开发银行
恒丰银行	交通银行
花旗银行（中国）有限公司	渣打银行（中国）有限公司

资料来源：中国银行间市场交易商协会。

表16 2009年记账式国债柜台交易情况表

单位：万元

债券代码	交易面额	债券代码	交易面额
020006	10 053.13	080011	7 308.10
020015	213 633.42	080014	16 810.21
030001	6 654.78	080016	8 981.17
030007	5 483.12	080018	9 023.81
030011	4 539.46	080019	2 548.51
040004	14 911.26	080022	7 795.84
040007	9 475.51	080024	9 187.46
040010	19 321.76	080025	19 894.05
050005	2 731.82	090001	6 272.53
050009	2 659.52	090003	6 542.26
050013	14 930.76	090004	5 075.73
060001	4 754.42	090006	4 064.49
060006	1 639.28	090007	8 341.20
060013	2 210.98	090008	3 133.71
060020	4 182.18	090009	7 868.61
0700002	4 821.64	090010	2 434.23
0700003	2 434.89	090012	4 418.62
0700004	5 434.19	090013	1 934.99
0700005	758.31	090014	3 528.43
0700006	7 257.78	090015	2 299.86
0700008	7 231.39	090016	5 047.52
070001	5 500.99	090017	3 471.80
070003	4 502.46	090018	2 098.36
070004	3 386.06	090019	1 083.49
070007	3 931.49	090021	632.71
070010	2 659.67	090022	1 846.89
070011	5 118.13	090023	4 226.10
070014	6 297.55	090024	93.48
070018	9 232.84	090026	1 301.60
080001	14 475.64	090027	247.87
080003	6 335.84	090028	186.11
080004	19 372.04	090029	446.38
080007	18 054.05	090031	26.57
080009	17 516.69	090032	1 525.89
080010	7 223.09	合计	628 424.72

数据来源：中央国债登记结算有限责任公司。

表17 债券市场柜台交易试点银行名单

中国工商银行	招商银行
中国农业银行	中国民生银行
中国银行	北京银行
中国建设银行	南京银行

资料来源：中国人民银行。

表18 2009年度公开市场业务一级交易商名单

中国工商银行	中国农业银行
中国建设银行	中国银行
中国邮政储蓄银行	交通银行
招商银行	中信银行
兴业银行	中国光大银行
中国民生银行	上海浦东发展银行
华夏银行	深圳发展银行
上海银行	广东发展银行
哈尔滨银行	北京银行
徽商银行	南京银行
天津银行	淄博市商业银行
福州市商业银行	广州市商业银行
杭州银行	洛阳市商业银行
长沙市商业银行	深圳平安银行
富滇银行	济南市商业银行
厦门市商业银行	大连银行
贵阳市商业银行	西安市商业银行
汉口银行	上海农村商业银行
北京农村商业银行	汇丰银行（中国）有限公司
渣打银行（中国）有限公司	中信证券股份有限公司
国泰君安证券股份有限公司	中银国际证券有限责任公司
中国国际金融有限公司	长江证券股份有限公司
泰康人寿保险股份有限公司	中国人寿保险股份有限公司
华泰财产保险股份有限公司	中国平安人寿保险股份有限公司
南方基金管理有限公司	江苏银行

资料来源：中国人民银行。

表19 1997~2009年股票市场统计表

年份	上市公司数(家)	上市总股本(亿股)	市价总值(亿元)	流通市值(亿元)	境内筹资总额(亿元)	成交金额(亿元)	平均换手率(%)		平均市盈率		投资者账户(万户)
							上海	深圳	上海	深圳	
1997	745	1 942.7	17 529.2	5 204.4	933.8	30 721.8	701.8	817.4	39.9	39.9	3 480.3
1998	851	2 526.8	19 505.6	5 745.6	803.6	23 527.3	453.6	406.6	34.4	30.6	4 259.9
1999	949	3 089.0	26 471.2	8 214.0	897.4	31 319.6	471.5	424.5	38.1	36.3	4 810.6
2000	1 088	3 791.7	48 090.9	16 087.5	1 552.9	60 826.6	492.9	509.1	58.2	56.0	6 123.2
2001	1 160	5 218.0	43 522.2	15 228.8	1 240.8	38 305.2	269.3	227.9	37.7	39.8	6 898.7
2002	1 224	5 875.5	38 329.1	12 484.6	778.7	27 990.5	214.0	198.8	34.4	37.0	6 841.8
2003	1 287	6 428.5	42 457.7	13 178.5	846.3	32 115.3	250.8	214.2	36.5	36.2	6 981.2
2004	1 377	7 149.4	37 055.6	11 688.6	877.8	42 333.9	288.7	288.3	24.2	24.6	7 215.7
2005	1 381	7 629.5	32 430.3	10 630.5	339.0	31 663.1	274.4	320.6	16.3	16.4	7 336.1
2006	1 434	14 897.6	89 403.9	25 003.6	2 379.1	90 468.7	555.7	671.3	33.4	33.6	7 854.0
2007	1 550	22 416.9	327 140.9	93 064.4	7 898.1	460 556.2	936.4	1 062.1	59.2	72.1	9 280.6
2008	1 625	24 522.85	121 366.44	45 213.9	4 264.48	267 113.0	—	—	14.86	17.13	10 449.7
2009	1 718	26 162.85	243 939.12	151 258.65	5 711.16	535 986.74	—	—	28.73	46.01	12 037.69

注：1. 境内筹资总额包含上市公司债券市场筹资金额；
2. 平均市盈率指静态市盈率；
3. 投资者账户数为年末有效账户数（年末有效账户数=年末股票账户数−年末休眠账户数）。
数据来源：中国证监会、上海证券交易所、深圳证券交易所。

表20 1997~2009年股票市场成交量和股票指数变化情况表

单位：亿元

年份	成交金额	日均成交	上证指数				深证指数			
			开盘	最高	最低	收盘	开盘	最高	最低	收盘
1997	30 721.8	126.42	914.06	1 510.18	870.18	1 194.1	326.33	517.91	305.81	381.29
1998	23 527.3	97.1	1 200.95	1 422.98	1 043.02	1 146.7	382.85	441.04	317.1	343.85
1999	31 319.6	131.04	1 144.89	1 756.18	1 047.83	1 366.58	343.29	525.14	310.65	402.18
2000	60 826.6	254.5	1 368.69	2 125.72	1 361.21	2 073.48	402.71	654.37	414.69	635.73
2001	38 305.2	159.6	2 077.08	2 245	1 515	1 645.97	636.62	664.85	439.36	475.94
2002	27 990.5	118.1	1 643.49	1 748.89	1 339.2	1 357.65	475.14	512.38	371.79	388.76
2003	32 115.3	133.25	1 347.43	1 649.6	1 307.4	1 497.04	386.61	449.42	350.74	378.63
2004	42 333.9	174.21	1 492.72	1 783.01	1 259.43	1 266.5	377.93	470.55	315.17	315.81
2005	31 663.1	130.84	1 260.78	1 328.53	998.23	1 161.06	313.81	333.27	237.18	278.75
2006	90 468.7	375.39	1 163.88	2 698.9	1 161.91	2 675.47	278.99	710.14	278.99	706.01
2007	460 556.2	1 903.12	2 728.19	6 092.06	2 612.54	5 261.56	555.26	1 567.74	547.89	1 447.02
2008	267 113.0	1 085.82	5265	5 497.9	1 706.7	1 820.81	1 450.33	1 584.39	452.33	553.08
2009	535 986.7	2 196.67	1 849.02	3 478.01	1 844.09	3 277.139	560.09	1 234.12	560.1	1 201.34

数据来源：中国证监会、上海证券交易所、深圳证券交易所。

表21 银行间即期外汇市场人民币交易26家做市商名单

中国工商银行	中国农业银行
中国银行	中国建设银行
交通银行	中信银行
招商银行	中国光大银行
华夏银行	广东发展银行
深圳发展银行	兴业银行
中国民生银行	国家开发银行
宁波银行	法国巴黎银行(中国)有限公司
上海浦东发展银行	汇丰银行（中国）有限公司
加拿大蒙特利尔银行有限公司广州分行	花旗银行（中国）有限公司
渣打银行（中国）有限公司	荷兰银行（中国）有限公司
法国东方汇理银行（中国）有限公司	三井住友银行（中国）有限公司
德意志银行（中国）有限公司	三菱东京日联银行（中国）有限公司

注：名单截至2010年1月5日。
资料来源：中国外汇交易中心。

表22 1994~2009年外汇市场与外汇储备情况表

单位：亿美元、元人民币

年份	外汇储备余额	外汇交易成交量	100美元兑人民币中间价	100欧元兑人民币中间价	100日元兑人民币中间价	100港元兑人民币中间价	100英镑兑人民币中间价
1994	516.20	400.59	844.91	—	7.7800	112.660	—
1995	735.97	646.73	831.79	—	8.0703	107.600	—
1996	1 050.49	627.75	829.92	—	7.1613	107.190	—
1997	1 398.90	697.15	827.98	—	6.3627	106.810	—
1998	1 449.59	520.11	827.87	—	7.1719	106.780	—
1999	1 546.75	314.64	827.93	—	8.0933	106.510	—
2000	1 655.74	421.97	827.81	—	7.2422	106.060	—
2001	2 121.65	750.33	827.66	—	6.3005	106.060	—
2002	2 864.07	971.90	827.73	863.60	6.9035	106.110	—
2003	4 032.51	1 511.31	827.69	1 033.83	7.7263	106.570	—
2004	6 099.32	2 090.41	827.65	1 126.27	7.9701	106.370	—
2005	8 188.72	—	807.02	957.97	6.8716	104.030	—
2006	10 663.44	—	780.87	1 026.65	6.5630	100.467	1 532.32
2007	15 282.49	—	730.46	1 066.69	6.4064	93.638	1 458.07
2008	19 460.30	—	683.46	965.90	7.5650	88.189	987.98
2009	23 992.00	—	682.82	979.71	7.3782	88.048	1 097.8

注：外币兑人民币中间价取当年最后一个交易日的中间价。
数据来源：中国人民银行、国家外汇管理局。

表23　1993~2009年期货市场成交情况表

单位：亿元、万手

年份	成交额	成交量
1993	5 521.99	890.69
1994	31 601.41	12 110.72
1995	100 565.30	63 612.07
1996	84 119.16	34 256.77
1997	61 170.66	15 876.32
1998	36 967.24	10 445.57
1999	22 343.01	7 363.91
2000	16 082.29	5 461.07
2001	30 144.98	12 046.35
2002	39 490.16	13 943.26
2003	108 389.03	27 986.42
2004	146 935.31	30 569.76
2005	134 448.38	32 284.75
2006	210 046.34	44 947.41
2007	409 722.43	72 842.68
2008	719 141.94	136 388.71
2009	1 305 107.20	215 742.98

数据来源：中国期货业协会。

表24　2003~2009年黄金市场成交情况表

单位：亿元、吨

年份	成交金额	成交量
2003	459.2	470.7
2004	731.0	665.3
2005	1 069.8	906.4
2006	1 947.5	1 249.6
2007	3 164.9	1 828.1
2008	8 683.9	4 457.6
2009	10 288.8	4 710.8

数据来源：上海黄金交易所。

表25 2007~2009年商业银行场外市场黄金业务统计表

业务类别	产品（单位）	2007年		2008年		2009年	
		成交量	成交金额	成交量	成交金额	成交量	成交金额
账户金	美元金(万盎司、亿美元)	157.68	11.08	293.09	25.37	579.96	57.34
	人民币金(吨、亿元)	352.71	607.05	1 332.55	2 546.30	1 381.16	2 923.48
品牌金	自营(吨、亿元)	6.09	11.2	33.12	66.68	40.73	89.9
	代理(吨、亿元)	3.96	7.16	4.13	8.18	3.43	7.64
其他业务	黄金寄售(吨、亿元)	18.10	31.08	47.11	87.36	34.73	71.89
	黄金租赁(吨、亿元)	33.11	56.40	73.99	141.50	91.29	191.98
	黄金拆借(吨、亿元)	1.20	2.31	11.40	20.16	7.56	15.09
	黄金远期(万盎司、亿美元)	204.93	11.84	574.85	54.44	162.06	15.98
	黄金期权(万盎司、亿美元)	8.48	0.598	6.28	0.579	2.29	0.223

数据来源：中国人民银行上海总部。